JN437633

BerkeleyColumn
BerkeleyColumn
BerkeleyColumn
박정오
정오의
휘뚜루 마뚜루
UFS BOOKS

정오의 휘뚜루마뚜루

2010년 1월말, 기록적인 폭설이 내린 서울을 뒤로하고 설레는 마음을 안고 샌프란시스코 공항에 내렸다. 6년마다 연구 년을 하면서 후학을 가르침에 있어 모자람이 없는지 돌아보고 재충전해야하건만, 그간 그 두 배가 넘는 13년이란 기간 동안 쉬지도 않고 달려오다 우여곡절 끝에 닿은 곳이 캘리포니아 베이지역(Bay Area)에 위치한 버클리대학교(UC Berkeley)였다.

정착 초기 같은 대학교 박정운 교수 내외분의 도움을 많이 받았지만 어디를 가도 언어가 문제였다. 긴 세월동안 공부한 영어는 다 어디로 가버렸는지... 특히 히스패닉이나 흑인, 동양인 등 여러 인종이 넘치는 캘리포니아에서 가능한 줄여 발음해버리는 미국식 영어에 새삼 어려움을 느꼈다.

정착초기에는 생활하는데 뭐가 그리 불편한 게 많은지. 어느 정도 자리를 잡으니 벌써 한두 달이 훌쩍 지나 있었다. 그곳생활에 조금씩 적응하면서 차츰 미국사회에 대해서도 궁금해졌다. 관련 도서를 빌려 짬짬이 읽어 보았지만 책으로 얻는 정보는 피상적이고 제한적이었다. 그래서 미국으로 이민 온 한인 분들을 만날 때면 그동안 궁금했던 것들을

머리말

물어보곤 했다. 그러던 중 세계 최대의 미국 엔지니어링 회사인 벡텔(Bechtel)의 부사장직을 역임한 이상백 회장께서 칼럼을 한번 써보라며 강승태 샌프란시스코 한국일보 지사장님께 추천해주었다.

뜻밖의 제안에 매주 한 편의 칼럼을 써야한다는 부담감이 적지 않았지만 칼럼을 쓰다보면 미국사회에 대해 좀 더 자세하게 알게 되지 않을까 생각해서 부족하나마 조심스럽게 써보기 시작한 것이 어느 덧 1년 2개월이 지났다.

필자도 그러했지만 우리나라 사람들은 유럽에 비해 미국사회에 대해 생각보다 아는 것이 적음을 느꼈다. 그동안 미국비자 발급이 용이하지 않아 많은 한국 사람들이 미국 대신 유럽행을 택한 것이 그 이유인지. 그런데 미국으로 이민 온지 오래된 한인들도 유럽이나 빠르게 변화하는 한국사회에 대해 잘 모르고 있다는 느낌을 받았다. 그래서 칼럼을 쓰기 시작하면서 가능하다면 미국에 있는 한인들에게는 우리나라와 유럽 문화를 소개하고 또 한국에는 미국에 갓 온 새내기의 눈에 비춰진 미국 문화를 소개하는 것이 좋겠다고 생각했다.

글을 쓰는 동안 주위의 지인들로부터 여러 가지 의견을 들으며 곧바로 피드백을 하고 또 어느 곳을 가나 다음 칼럼을 구상하고 있는 나 자신을 발견하며 매주 피가 마르는(^^) 칼럼니스트로 산다는 것의 고통을 기쁨과 보람으로 승화시키곤 했다.

이렇게 해서 모아진 56편의 글들을 이제 추억으로 들추어보며 부족하나마 작은 책자로 펴내고자 한다. 신문에 연재하는 동안 그 누군가 읽고 있을 독자들에게 조금이나마 흥미와 관심을 그리고 필요했던 정보를 제공할 수 있었다면 큰 보람이겠다.

이 책이 출판되기까지 많은 도움을 준 강승태 사장님과 이상백 회장님 그리고 박희덕 회장님과 김성수 선배님 외 많은 분들께 깊은 감사를 드리며, 밤을 벗 삼아 지새우는 남편과 아빠를 묵묵히 지켜봐준 가족들에게도 사랑의 마음을 전한다.

캘리포니아를 그리며

버클리를 그리며

2011년 9월

외대 글로벌 캠퍼스에서

차 례

차 례

미국에도 신화(神話)가 있을까?

필자는 미국에 온 후 가능하면 미국인들의 문화를 깊이 이해하려고 노력하고 있다. 그래서 미국에서 오래 생활한 한국 분들을 만나면 미국에 대한 전반적인 것을 물어본다. 문화(文化)는 한 국가와 민족을 이해하는데 중요한 요소이기 때문이다.

그런데 불현듯 미국에도 우리나라 단군신화처럼 그런 신화(神話)가 있을까?하는 의문이 들었다. 한 국가와 그 민족의 문화를 이해하기에 앞서 신화를 살펴보는 것은 매우 중요한 일이다. 미국에 신화가 있다면 미국인들을 이해하는 동시에 그들의 민족성을 규정하는 데 많은 도움이 될 것이다. 물론 단일 민족으로 구성된 우리나라 민족성을 규정하는 것도 어려운 마당에, 다민족으로 구성된 미국의 민족성을 규정하는 것은 아주 어려운 일일 것이다.

대개 우리나라 사람들을 두고, '고추장을 먹어 화끈하다', '매운고추를 다른 것도 아닌 고추장에 찍어 먹는 독한민족이다', '성격이 급하다', '냄비처럼 확 달아오르고는 금방 식어버린다' 등 다양하게 말한다. 이처럼 한 민족의 민족성을 규정하기에는 많은 어려움이 따른다. 그렇지만 굳이 필자에게 한국인의 민족성을 한 단어로 규정하라고 한다면 '악착같다'라고 말하고 싶다.

그리 오랜 시간은 아니지만 미국에 온 후 필자는 초기 이민시절 배를 타고 머나 먼 미국으로 이민 온 사람들부터 비교적 최근에 정착한 사람들까지 다양한 한국 분들을 만나 보았다. 그들은 한결같이 온화한 미소에다 미국식의 젠틀(gentle)함이 온 몸에서 배어난다. 그렇지만 그 뒷면에는 고국을 떠나 먼 이국땅에서 끈질긴 집념과 철저하게 노력하는 성실함으로 성공한 그리고 성공하려는 그런 강한 기운도 쉽게 감지할 수 있다.

알려진 바대로 미국인의 선조는 1620년 종교의 자유를 위해 메이플라워(Mayflower)호를 타고 온 필그림(Pilgrim, 순례자)이라는 게 역사적 상식이다. 따라서 미국은 그리스신화나 로마신화처럼 "신성한 역사를 이야기하며 태초의 원시시대, 전설의 시기에 일어났던 사건들을 언급하는" 고전적인 의미에서의 신화보다는 "살아있는 신화(living myth)"를 가지고 있다고 볼 수 있다.

종교 및 신화학 분야에서 20세기 최고의 학자였던 미르체아 엘리아데(Mircea Eliade)는 '살아있는 신화'의 의미를 "인간의 행위를 위한 모델을 지속적으로 제공하고 또한 그것을 통하여 존재에 의미와 가치를 부여한다"고 언급하였다. 즉 여기서 엘리아데가 말하는 살아있는 신화는 "실질적인 역사(real history)"인 셈이다.

엘리아데의 정의가 다소 어렵지만 그냥 쉽게 이 정의에다 단군신화를 주입해 설명해보면 다음과 같다. 즉 단군신화는 우리나라 사람들이 행동하는데 지속적인 모델이 되고 또한 그러한 과정을 통하여 단군신화는 한국인들의 존재에 의미와 가치를 부여한다.

엘리아데가 언급한 것처럼, "신화라는 단어를 정확한 의미로 개념화하는 것은 어려운 일"일뿐만 아니라 그 의미도 다양하게 해석되지만 간단하게 말해 '궁극적인 것'으로 이해하면 좋을 것 같다. 예를 들면 문학(文學)에 '아버지의 신화', '어머니의 신화'라는 말이 있다. 이 말은 어떤 문학작품에서 아버지와 어머니 역을 맡은 작중인물이 보편성을 획득하여 '궁극적인 무엇'으로 간주된다는 의미이다.

더 쉽게 설명해보면, 1980~90년대 방영된 TV드라마 '전원일기'에서 최불암, 김혜자씨를 한국의 아버지, 어머니상이라고도 말하는데 이것이 바로 아버지의 신화, 어머니의 신화이다. 즉 이 드라마를 본 사람들은 그들을 궁극적인 무엇 즉 한국의 대표적인 아버지와 어머니, 다시 말해 신화로 인정하는 것이다.

다시 본론으로 들어가서, 미국의 살아있는 신화 즉 실질적인 역사를 살펴보면 그 기반에 미국 건국의 3대 정신인 〈청교도 정신(Puritanism)〉과 〈개척자 정신(Frontier Spirit)〉 그리고 〈실용주의 정신(實用主義, Pragmatism)〉이 자리 잡고 있다. 즉 미국인들의 사상과 의식 속에 뿌리깊이 존재하고 있는 이 정신은 미국인들이 행동하는데 지속적인 모델이 되고 또한 그러한 과정 속에서 미국인들의 존재에 의미와 가치를 부여하고 있다.

결론적으로 말해서 미국의 3대 정신은 우리나라 단군신화처럼 미국인들을 이해하는데 있어서 가장 중요한 키워드(key word)인 셈이다.

Smart & Wise

우리나라에는 똑똑한 사람이 아주 많다. 다수는 아니지만 헛똑똑이도 제법 있다. '머리가 좋다'를 영어로 번역하면 'be smart (clever, bright, intelligent)'일 것이다.

신문지상에서 우리는 세계인들의 지능지수(Intelligence Quotient)와 관련된 기사를 종종 접한다. 내용을 보면 한국인이 유태인, 중국인 그리고 독일인보다 우위에 있다. 머리 좋기로는 세계 2위이다. 그러면 과연 세계 1위는 어딜까? 신문의 종류와 기사가 실린 시기에 따라 조금씩 다르지만 최근 기사를 보면 1위가 싱가포르 그리고 2위가 한국이다. 몇 년 전 기사에는 홍콩과 한국이 각각 1위, 2위를 차지했는데 당시 홍콩은 이미 중국에 반환되었기 때문에 홍콩과 중국의 지능지수를 합하면 사실상 한국이 1위라고 주장한 사람도 있었다.

이처럼 한국인의 두뇌는 세계 어느 민족에도 뒤지지 않는다. 그렇다고 여기서 한국인의 우수성을 강조하며 애국심을 고취하고 싶은 생각은 전혀 없다. 반대로 '지혜로운 한국인(The wise Koreans)'에 관해 이야기하려고 한다.

영어로 'wise'는 '지혜롭고 현명하고 슬기로운'것을 의미한다. 또한 '지혜롭다'와 '현명하다'의 우리말 뜻은 '사물의 이치를 빨리 깨닫고 사물을 정확하게 처리하는 정신적 능력이 있다', '어질고 슬기로워 사리에 밝다'이다.

'Smart & Wise'는 둘 다 좋은 의미의 낱말이지만 곰곰이 생각해보면 전자는 그냥 선천적으로 영리하다는 1차적인 의미를 가지고 있는데 반해 후자는 영리하면서 과거의 경험을 바탕으로 슬기롭게 상황에 대처한다는 2차적인 의미까지 내포하고 있다.

2004년 여름, 필자는 국제학술대회 참석차 핀란드에 머문 적이 있다. 인구 500만 명 남짓의 핀란드는 12세기부터 19세기까지 스웨덴의 지배를 받았고 특히 근현대사에서는 2번이나 러시아에 합병된 지구상에서 가장 기구한 운명을 가진 나라 중 하나이다. 하지만 2차 세계대전 이후 핀란드는 지속적인 경제발전을 거듭해 국가경쟁력, 국가청렴도 등 각종지표에서 세계 최고를 기록했으며 특히 지난 2010년 미국 시사주간지 뉴스위크지(Newsweek)는 핀란드를 '세계 최고의 나라(The Best Country in the World)'로 선정했다.

수도 헬싱키의 중심에는 원로원 광장(Helsinki Senate Square)이 있다. 또한 광장 주변에는 헬싱키 대성당을 비롯해 대통령궁, 정부종합청사, 헬싱키 대학교, 국립도서관 등이 위치하고 있다. 따라서 이곳은 핀란드의 정치와 경제는 물론 교육과 문화의 중심지인 셈이다. 그런데 흥미로운 것은 이렇게 중요한 핀란드의 심장부에 러시아의 황제 알렉산드르(Aleksandr) 2세의 동상이 세워져있다. 물론 광장을 만든 사람이 알렉산드르 2세라고 하니 전혀 이해가 되지 않는 것도 아니다. 그렇지만 아무리 그렇다 해도 수도 헬싱키에, 그것도 헬싱키의 심장인 원로원 광장에, 그것도 모자라 광장의 정 한복판에 떡하니 러시아 황제의 동상이 세워져 있다니! 그것도 핀란드를 100년 이상 지배한 러시아 황제의 동상이 말이다.

물론 핀란드인들도 이 동상을 철거하고 대신 핀란드의 정치가이자 독립영웅인 만네르하임(Mannerheim) 동상을 세우려 하였다. 하지만 핀란드인들은 수백 년 동안 지속된 그들의 아픈 역사를 잊지 않고 또다시 역사의 비극이 반복되지 않게 영원히 기억하자는 의미에서 동상을 철거하지 않고 그대로 두고 있다.

필자는 여기서 핀란드인들의 '지혜로움(wiseness)'을 본다. 핀란드인이라고 배알도 없고 자존심도 없는 그런 민족은 아닐 게다. 근 1,000년 동안 주변 강대국에게 지배당한 핀란드인들은 자주, 독립 그리고 평화의 중요성을 너무 잘 알고 있다. 그들은 러시아와의 갈등이 국가의 존립 자체를 위협한다는 사실을 지난 역사를 통해 뼈저리게 느끼고 있는 것이다.

헬싱키 원로원 광장: 사진 한가운데 알렉산드르 2세의 동상이 있다.

인천 자유공원에 있는 맥아더 장군 동상

그렇다면 비슷한 일이 우리나라에서 일어났다고 상상해보자! 서울 한복판인 광화문에서 말이다. 광화문 사거리에 있는 이순신 장군 동상 대신 우리나라를 침략한 일본의 이토 히로부미 동상이 떡하니 서있다고 가정해 보자! 상상만 해도 아찔하다. 필자도 지금 이 글을 쓰면서 어떻게 핀란드인들은 그렇게 할 수 있는지 한편으로는 아직도 이해가 되지 않는 부분이 있다. 하지만 이것이 바로 핀란드인들의 지혜로

움이라는 생각이다. 이 같은 핀란드인들의 인내와 지혜가 현재의 선진국 핀란드를 있게 한 밑바탕이 된 것이다.

우리나라에서 이런 일이 벌어졌다면 어찌 되었을까? 난리가나도 몇 번은 났을 것이다. 일부 개념없는 헛똑똑이들이 인천 자유공원에 멀쩡히 서 있는 맥아더(Douglas MacArthur) 장군 동상까지 없애려고 난리를 치는 판에.

알렉산드르 2세(Aleksandr II, 1818~1881): 1867년 재정궁핍으로 인해 알래스카(Alaska)를 미화 720만 달러(1,000평에 약 1.5센트)가 채 되지 않는 헐값을 받고 미국에 양도한 러시아 황제이기도 하다.

Berkeley Column

진돗개
캘리포니아에 오다!

천연기념물 제53호인 진돗개가 미국의 경찰견으로 활약할 날도 그리 머지않아 보인다. 지난 2010년 5월 전남 진도군은 LA한인회와 진돗개의 미국진출을 위한 양해각서(MOU)를 체결했다. 따라서 LA경찰국과 LA 북쪽에 위치한 글렌데일(Glendale)시 경찰서는 앞으로 진돗개를 경찰견으로 활용할 수 있을지 그 가능성을 시험할 예정이다.

LA경찰국 신청사

진돗개는 강인한 체구에다 주인에 대한 충성심과 귀소본능이 뛰어나고 낯선 사람의 유혹에도 잘 넘어가지 않는다. 또 항상 용맹하고 대담해 멧돼지 같이 자기 몸집보다 큰 동물이나 다른 사냥개와 맞붙어도 몸을 사리거나 겁먹지 않고 한 치의 물러섬도 없다. 특히 수컷은 일단 싸움이 시작되면 미련하다 싶을 만큼 끝장을 보기도 한다.

LA경찰국 신청사

일반적으로 동물들은 먹이나 암컷을 두고 격한 싸움을 한다. 특히 짝짓기시기에 수컷은 암컷이 풍기는 냄새에 매우 예민해진다. 대개 서열 1, 2위 수컷이 암컷 한 마리를 놓고 대결하는데, 대부분의 경우 싸움에서 밀린다 싶으면 몸을 사리고 도망친다. 힘에 밀린 수컷은 다음을 기약하거나 아니면 그 무리에서 도태되고 만다. 하지만 진돗개의 경우는 사뭇 다르다. 끝까지 포기하지 않는다. 설령 힘이 조금 부치더라도 죽을 때까지 싸우는 것이다. 이런 특성은 지구상의 수많은 동물들 중 진돗개가 거의 유일무이하다고 한다. 그래서 사람들은 한국인이 진돗개의 성격과 비슷하다고 한다.

진돗개가 군견, 경찰견으로 적합하지 않은 이유는 높은 충성심 때문이다. 너무 높은 충성심이 바로 장해 요인이다. 다른 개와 달리 진돗개는 훈련시킨 사람만을 따르기 때문에 경찰서와 같이 여러 명의 주인이 있는 경우 이를 용납할 수 있을지가 의문이다. 아마도 이번 글렌데일시 경찰서가 실시할 테스트 중 이 점이 통과 여부의 관건이 될 것이다.

세계 3대 명견(名犬) 등록기관으로는 세계 최고의 권위를 자랑하는 영국애견협회(Kennel Club, 1873), 세계 최대시장의 미국애견협회(AKC, 1884) 그리고 독일, 오스트리아 등 세계 최다 회원국의 국제애견협회(Federation Cynologique Internationale, 1911)가 있다.

2005년, 영국애견협회와 국제애견협회는 진돗개를 세계적인 명견으로 인정했다. 실로 국가적인 경사였다. 후문에 의하면, 영국애견협회는 "개를 먹는 나라에서 신청한 진돗개에게도 푸들이나 셰퍼드처럼 영국왕실과 정부가 인정하는 혈통 인증서를 수여할 것이냐를 두고 심각하게 고민했다"고 한다. 오랜 토론 끝에 심사위원들은 결국 진돗개의 우수성을 인정했고 이로써 한국의 진돗개는 세계의 명견 반열에 오르게 되었다.

하지만 그 이후 지금까지 진돗개 수출 실적은 단 한 건도 없었다. 따라서 이번 양해각서 체결은 앞으로 진돗개의 해외수출 가능성 여부를 타

글렌데일시 경찰서

진할 수 있는 중요한 계기가 될 것이다.

독일은 셰퍼드와 도베르만 등 애견수출로만 연간 2조원이 넘는 돈을 벌어들인다고 한다. '2009년 현대자동차 당기순이익'의 약 2/3에 해당하는 상당한 액수이다. 2007년 독일 도그(dog) 쇼에서 1위를 차지한 셰퍼드 한 마리 가격이 7억 원을 호가한다니 쉽게 이해가 된다. 물론 독일처럼 부가가치를 창출하기란 그리 쉬운 일은 아닐 것이다. 하지만 진돗개의 잠재력을 보면 전혀 불가능한 것도 아니다. 본래 영리하고 용감해 셰퍼드처럼 군대 및 경찰견으로 적합할 뿐만 아니라 새끼 때부터 청결하고 몸집도 크기가 적당해 일반 가정의 반려견으로도 전혀 손색이 없기 때문이다.

그러나, 진돗개가 한국 토종견이기 때문에 앞으로 우리가 진돗개와 관련한 모든 수익을 독점할 수 있을 거라 생각하면 큰 오산이다. 지금처럼 한국에서 진돗개 협회 간의 불화가 계속되는 동안 영국, 독일 등 명견개발에 일가견이 있는 선진국에서 더 우수한 품종의 진돗개를 육성한다면 세계의 애견가들은 당연히 'Made in England 혹은 Made in Germany 진돗개'를 구입할 것이다.

'일본의 진돗개'로 간주되는 아키타(Akita)가 좋은 예이다. 아키타는 제2차 세계대전 이후 미국에 반입되어 인기를 끌면서 일본 개로는 처음으로 미국애견협회의 공인을 받았다. 하지만 미국에서 더 우수한 품종이 개발되어 현재 세계시장에서는 일본 토종 아키타보다 'Made in U.S.A, Akita'를 선호한다고 한다. 주객이 완전히 전도된 셈이다.

앞으로 진돗개 종주국으로서의 입지를 잃지 않기 위해서는 현 시점에서 뭔가 근본적인 대책이 필요할 것으로 생각된다.

Berkeley Column

집시와 **유럽** (1)

유럽을 여행하다보면 거리에서 구걸하는 집시를 쉽게 볼 수 있다. 최근 프랑스 정부의 집시추방과 관련해 유럽 내의 비난 여론이 거세다. 이런 가운데 지난 2010년 8월 교황 베네딕토 16세(Benedictus XVI)는 프랑스를 우회적으로 비판하였고 또 그로부터 한 달 후인 9월에는 유럽의회(European Parliament)가 집시추방정책의 즉각적인 중단을 요구하고 나섰다. 이로써 사르코지(Nicolas Sarkozy) 대통령의 정치적 입지는 더욱 더 좁아지게 되었다.

그동안 프랑스는 동유럽의 집시들을 일제히 검거해 자국으로 돌려보내는 정책을 고수했다. 사르코지 대통령도 집시가 범죄와 매춘 그리고 아동착취와 연계되어 있다고 지적했다. 하지만 EU집행위원회는 이를 소수민족에 대한 차별로 판단하여 프랑스에 대한 법적제재 수순에 들어갔다. 따라서 앞으로 이 문제는 유럽사법재판소에서 다뤄질 것으로 예상된다.

루마니아의 대학자 하스데우(B. P. Hasdeu)는 집시를 두고 정체를 알

브뤼셀에 있는 EU집행위 본부건물

수 없는 "불가사이한 민족"으로 규정했다. 정체도 불가사이 하지만 집시의 기원도 분명치 않기는 마찬가지다. 집시 전문가 베르코비치(K. Bercovici)는 "세상에는 집시의 수만큼이나 집시의 기원과 관련된 많은 이론이 존재한다"고 언급했다.

집시의 기원과 관련한 그동안의 연구물을 요약하면 〈이집트 기원설〉과 〈인도 기원설〉로 나눠진다. 18세기 말까지는 이집트 기원설이 우세했다. 그 이유는 집시의 짙은 피부색 외에도 이집트인들이 중세 때 주술기로서 명성을 날린 것처럼, 당시 상당수의 집시들이 주술과 관련된 일에 종사했기 때문이었다. 하지만 1780년 독일의 역사학자 그렐만(H. Grellmann)의 연구를 시작으로 세계의 많은 학자들은 집시 언어와 인도어 사이의 유사성을 언급하면서 인도 기원설을 주장하기 시작하였다.

오늘날 인도 기원설이 통설(通說)로 받아들여지면서 집시의 기원과 관련된 논쟁은 과거보다는 덜 하다고 볼 수 있다. 하지만 많은 학자들은, 집시가 본래 거주하고 있던 지역에서 언제 이주하기 시작했으며 또 어떤 이유로 그렇게 많은 수가 이주했는지 명확하게 밝히기란 아주 어려운 일이라고 결론을 내렸다. 한 예로, 코걸니체아누(Kogălniceanu)와 같은 학자는 집시가 오래전에 유럽으로 이주했기 때문에 "집시의 이주시기와 관련된 것은 영원히 해결될 수 없는 문제로 남을 것"이라고 피력했다.

이주시기가 정확치 않지만 어쨌든 집시는 유럽전역으로 확산되었는데, 많은 학자들은 그 시기를 15세기 초일거라 추정하고 있다. 베르코비치는, 집시가 공식적으로 서유럽에 처음 등장한 것은 1417년 독일이었고 또 그곳으로부터 프랑스, 이탈리아, 스위스, 스페인 그리고 나머지 서유럽으로 퍼져나갔다고 주장하고 있다.

루마니아에 정착한 집시는 농노제도로 인해 노예로 전락했으며, 다른 국가에서는 마녀사냥의 대상으로 몰려 화형이나 생매장되기도 했다. 실제로 독일인들은 19세기 초까지 집시사냥을 감행했고 20세기에는 나치 대학살의 주요 대상이기도 했다.

한편 세계 최고의 바이올리니스트 중 상당수는 헝가리와 루마니아 집시였다. 브람스의 '헝가리 무곡'이나 사라사테의 '찌고이네르바이젠', 리스트의 '헝가리 랩소디'등은 집시음악을 기초로 창작되었다. 스페인 플라멩코도 집시의 민속음악이고 스페인 최고의 투우사들도 집시였다. 이외에도 집시는 금속세공 분야에서 탁월한 기술을 보여주었다.

이러한 긍정적인 측면에도 불구하고 대다수의 집시들은 어디를 가나 환영받지 못했고 심지어 이교도라 박해되기도 했다. 유럽인들은 집시를 불결한 존재로 간주했으며, 사람을 속이고 물건을 훔치며 주술이나 점술로 일반 사람을 현혹하는 나쁜 영혼으로 간주했다.

그렇지만 18세기 말 유럽에 계몽전제주의 체제가 도입되면서 군주들은 백성들의 안녕과 복지 그리고 집시의 운명에도 관심을 가지기 시작했다. 즉 군주들은 사회분야에서 전반적인 개혁을 시도하면서 집시의 '정착정책'을 실시하였다. 물론 이러한 사회적 분위기는 집시의 삶과 생활양식에 커다란 변화를 가져오게 하였다.

오늘날 집시는 유럽에서 초국가적인 소수민족을 이루고 있으며 그 수도 1,000만 명을 훨씬 상회할 것으로 추정된다. 서유럽에 있는 집시들은 사회적 동화문제에 직면하고 있으며, 동유럽의 집시들은 인종차별문제에 부딪치고 있다. 최근 들어 집시문제는 유럽의 민족주의로 인해 또다시 대두되고 있다.

Berkeley Column

집시와 유럽 (2)

영어로 'Gypsy'라는 말은 '이집트에서 온 사람(Egyptian)'을 의미한다. 이는 영국인들이 처음에 집시의 근원을 이집트로 생각했기 때문이다. 하지만 오늘날 많은 학자들은 '집시'라는 말이 현재 인도에 존재하고 있는 종족인 '찐가르(Cingar)' 혹은 '쩬가르(Cengar)'에서 유래한다고 주장하고 있다.

집시는 독일어로 찌고이네르(Zigeuner), 프랑스어 치간느(Tsiganes), 이탈리아어 징가로(Zingaro), 헝가리어 치가니(Cigány) 그리고 루마니아어로 찌가니(Ţigani)이다. 이것은 영어로 'untouched' 즉 '손대지 않은', '원래 그대로의'를 의미하는 그리스어 '아칭가노이(Atsínganoi)'에서 유래한다.

Cingar에서 파생된 용어는, 특히 동유럽에서 많이 통용되었고 또 집시들 자체 내에서가 아닌 외부 사람들이 집시를 부를 때 사용되었기 때문에 종종 경멸적인 의미를 내포하고 있었다. 따라서 집시들은, 이보다 산스크리트어 기원의 집시 언어인 '롬(rom)' 혹은 '로마(roma)'라는 용

건축 중인 루마니아 집시 궁전

어를 더 선호하고 있다. 롬이나 로마는 '남자(man)' 혹은 '결혼한 남자(married man)'를 의미하지만 광범위한 의미에서 '우리 그룹에 속한 사람' 즉 '우리(we)'를 의미한다.

국제집시연맹은 집시라는 명칭이 이탈리아의 수도 로마(Roma)나 루마니아(România) 국호와 혼동될 가능성이 있기 때문에 'r'을 하나 더 붙여 'rrom', 'rroma', 'rromani'로 통일시켰고, 그 이후 1995년에는 유럽의회(European Parliament)도 〈로마(rroma)〉의 사용을 공식 승인하였다.

유럽에서 집시가 가장 많이 거주하는 나라는 루마니아이다. 왜냐하면 1940년대 나치의 대학살을 피해 집시가 루마니아로 대거 이동했고 또한 중세 때 대부분의 유럽 국가들이 집시를 추방한데 반해 루마니아에서는 노예로 만들었기 때문이다. 과거 농경사회였던 루마니아 공국의 영주들은 집시를 온갖 궂은일을 시킬 수 있는 '노동력'으로 간주했다. 사실 중세 서구유럽에서 집시추방이나 집시사냥 등과 같은 사건들이 자행되었던 점을 고려해보면, 당시 서유럽 집시들에게 루마니아는 역설적으로

루마니아 집시 춤

목숨을 부지할 수 있는 '안전한 장소'였을 것이다.

그동안 집시는 여러 국가에 흩어져 생활하면서 그들만의 고유한 문화를 유지하는 동시에 그곳의 문화를 받아들이기도 했다. 하지만 오랜 기간 동안 역사적 과정 속에서 나타난 집시 민족의 정체성은 긍정적인 것보다 부정적인 면이 더 많이 부각되었다.

루마니아의 집시가 노예 신분에서 해방된 시기는 1864년이다. 하지만 집시의 노예제도와 관련된 여러 흔적들과 그에 따른 후유증은 오늘날에 이르기까지 집시의 사회구조 속에 남아있으며 루마니아인들과의 관계 속에서도 찾아볼 수 있다. 집시는 수세기 동안 지속된 노예 신분으로 말미암아 미래에 대하여 확신을 가질 수 없게 되었으며 또한 스스로의 책임 하에 행동하는 진취적인 정신 역시 약화되었다. 따라서 집시는 시간이 지나면서 차츰 어떠한 사건에 대하여 체념하는 운명론적인 삶의 태도를 가지게 되었다.

오늘날 집시는 과거 그들이 속했던 계급이나 직업에 따라서 약간의 차이를 보이고 있으며 지주, 수도원 그리고 영주 등 그들이 어디에 귀속되어 있었느냐에 따라서도 차이를 보이고 있다. 실제로 당시의 노예제도는 아직도 집시들의 정신세계에서 상당부분을 차지하고 있으며 그들의 일상생활에도 많은 영향을 미치고 있다.

오늘날 루마니아인들은 집시민족에 대해 약간의 편견을 가지고 있으며 집시의 정체성 역시 종종 열등 혹은 하위의 개념으로 이해되고 있는 것도 사실이다.

집시와 관련해 루마니아에서 사용되는 표현은 다소 부정적이다. 예를 들어 '강둑에 도달하여 집시처럼 빠져 죽다', '집시처럼 지저분한', '집시는 결국 집시로 남는다' 등이 있다. 첫 번째 표현은 강 한가운데에서 헤엄을 쳐 강둑까지는 잘 도착했지만, 정작 강둑에 다 와서 바보처럼 빠져 죽는다는 의미이다. 유종의 미를 거두지 못한 경우를 비유해서 사용하는 표현인데, 예를 들어 축구경기에서 잘하다가 경기종료를 얼마 안남기고 골을 내주어 역전패를 당할 때 사용되는 표현이다. 그리고 마지막 비유는 다소 거친 예지만 '걸레는 아무리 빨아도 걸레다'라는 의미이다. 이처럼 집시와 관련된 표현들은 다소 부정적이지만 그렇다고 해서 루마니아인들이 집시민족 자체를 혐오하는 것은 아니다.

대부분의 루마니아인들은 집시의 상스러운 말투나 행동, 속임수 등과 같은 몇몇 부정적인 측면을 비판하기도 하지만 그들이 처한 상황을 이해하고 있는 듯하다. 실제로 루마니아인들은 일상생활에서 집시음악을 즐겨 듣고 있으며, 또한 그들이 집시에 대하여 말하는 것을 귀 기울여 들어보면 집시와 더불어 공존하고 있다는 것을 쉽게 느낄 수 있다. 이것은 지상의 모든 만물과 공생(共生)하려는 루마니아 민족성과도 깊은 연관이 있는 것으로 생각된다.

Berkeley Column

독도와 뱀섬 (1)

인류의 역사가 시작되면서부터 오늘날에 이르기까지 지구상에는 수없이 많은 전쟁이 있었다. 전쟁의 이유야 다양했겠지만 전쟁이 끝나면 곧바로 패전국에 부과될 전쟁배상금 문제와 '땅따먹기'식의 평화조약이 뒤따른다. 세계의 역사를 "땅따먹기 역사"로 규정할 수 있을 만큼 그동안 지구상에는 많은 전쟁이 있었고 또 그에 따른 국경선의 재조정이 있었다. 세계의 역사가 이렇다 보니 그동안 영토병합 및 분할과정에서 야기된 국가 간의 분쟁의 불씨는 아직도 세계 곳곳에 남아있다.

우리나라는, 그래도 삼면이 바다로 둘러싸여 있어 유럽 국가들에 비해 그렇게 많이 전쟁에 휩쓸리지 않았다고 볼 수 있다. 국경선이 오밀조밀 붙어있는 유럽 국가들은 항상 영토분쟁의 불씨를 안고 있었는데, 특히 동유럽의 경우는 더욱 더 복잡하다고 볼 수 있다.

역사적 측면에서 볼 때, 합스부르크, 터키 그리고 러시아 제국 등과 같은 유럽의 강대국들은 수세기 동안 유럽에서 주로 영토를 빼앗는 능동적인 입장에 있었지만 루마니아를 비롯한 헝가리, 체코, 폴란드 등과 같은 약소국들은 강대국들로부터 침략당하는 즉 영토를 빼앗기는 수동적인 입장에 있었다고 볼 수 있다. 따라서 동유럽 지역에서의 영토문제는 서유럽보다 훨씬 더 복잡하다고 볼 수 있는데, 특히 90년대 초 동유럽 국가들이 민주화를 이룩하면서 역내 갈등은 영토문제에다 민족문제까지 더해져 한층 더 고조되었다. 대표적인 예가 구(舊)유고슬라비아와 체코슬로바키아이다. 1991년 유고내전을 기점으로 분열되기 시작한 유고슬라비아는 현재 세르비아, 크로아티아, 슬로베니아 등 총 6개 국가로 나눠졌고 체코슬로바키아도 1993년 체코와 슬로바키아로 분열되었다. 더군다나 루마니아는, 세계 유일의 분단국가로 알려진 우리나라처럼, 같은 민족의 몰도바(Moldova)공화국과 분열된 또 하나의 분단국가이다. 90년대 중반 루마니아는 현재 러시아 연방 15개 공화국 중 하나인 몰도바공화국과 통일을 꾀하였으나 러시아의 반대로 무산되었다.

이처럼 루마니아, 체코, 폴란드 등 거의 모든 동유럽 국가들은 현재의 국경선과 관련해 분쟁의 불씨를 안고 있으며, 90년대 초 이들 국가들이

울릉도

울릉도 태하등대: 우리나라 사진기자단이 선정한 '대한민국 10경'중 하나로 대풍감이라고도 한다.

민주화를 이룩하면서 자국의 옛 영토 회복에 많은 관심을 가지기 시작했다. 따라서 서유럽 국가들은, 동유럽의 불안이 곧 서유럽의 불안, 그리고 더 나아가 전 세계의 불안으로 확산될 가능성이 많았기 때문에, 이들 국가들을 나토(NATO), 유럽연합(EU) 등과 같은 국제기구에 가입시킴으로써 제반 문제들을 해결하는 동시에 전 유럽의 안정을 꾀하려 하였다.

제1차 세계대전의 발원지가 유고슬라비아의 사라예보였고 또 제2차 세계대전도 유럽에서 시작되었기 때문에 당시 서유럽 국가들로서는 유럽과 세계의 평화를 위해 동유럽 내의 갈등에 관심을 가지지 않을 수 없었던 것이다. 한 예로, 90년대 중반 루마니아, 헝가리 두 나라는 루마니아 트란실바니아(Transilvania) 지방에 거주하는 헝가리계 소수민족문제와 국경선 문제 등으로 인해 심각한 외교 분쟁으로 치달을 수도 있었다. 결국 EU는, 만약 '루헝' 두 나라가 트란실바니아 지방과 관련하여 현 상태를 인정하는 쌍무협정을 체결하지 않을 경우 향후 EU가입을 불허하겠다고 경고함으로써 일단락되었다. 즉 서유럽은 EU가입을 조건으로 루마니아와 헝가리 사이의 분쟁을 잠재운 것이다.

최근 동유럽 내의 영토분쟁이 네덜란드 헤이그(Hague)에 있는 국제연합(UN) 산하 국제사법재판소(ICJ)까지 가는 일이 있었다. 루마니아와 우크라이나 사이에 위치하고 있는 '뱀섬(Serpents' Island)'이 바로 그것이다.

원래 루마니아 영토였던 뱀섬은 1948년 루마니아가 소련에 의해 강제로 공산화됨으로써 강점(强占)되었고, 1991년 소련연방이 해체된 이후에는 우크라이나에 편입되었다. 독도보다 조금 작은 면적의 뱀섬은 1980년대 초, 섬 주변에 상당량의 원유와 천연가스가 매장된 사실이 밝혀지면서 경제적 가치가 높아졌다. 따라서 뱀섬을 둘러싼 두 나라간의 영토분쟁은 90년대에 들어서면서 한층 더 심화되었다.

그동안 NATO는 동유럽 국가들에게 나토가입조건으로 인접하는 모든 주변국들과의 불가침조약 체결을 요구했다. 따라서 1997년 루마니아는 우크라이나와 상호불가침조약을 체결해야 했다. 하지만 이 조약에는, 향후 2년 동안 양국이 뱀섬 주위의 해상 국경선 문제와 관련하여 합의점을 찾지 못할 경우, 쌍방 누구나 이 문제를 국제사법재판소에 제소할 수 있다는 내용도 포함되어 있었다.

Berkeley Column

독도와 뱀섬 (2)

결국 뱀섬을 둘러싼 '루우' 두 나라간의 영토분쟁은 2004년 헤이그에 상정되었고, 2009년 2월 3일 국제사법재판소는 "2009년 제9번 안건 판결(Decision No. 9/2009)"에 의거하여 뱀섬 주변 평균수심 50m이상의 9.700km²에 해당하는 79,34%의 해저지면을 루마니

독도

독도를 방문한 관광객들

아에게 그리고 평균수심 50m이하의 2,300km²에 해당하는 20,26%의 해저지면을 우크라이나에게 할당하였다. 또한 뱀섬 자체는 우크라이나의 부속도서(島嶼)로 남게 되었다. 이것은 국제사법재판소 창립 이후 100번째 판결이었다.

루마니아 속담에 "개는 짖고 곰은 지나간다(Câine latră, Ursul merge)!"라는 말이 있다. 이 속담처럼 우리는, 독도와 관련해 일본이 계속 짖더라도(?) 곰처럼 그냥 가던 길을 가는 배짱을 가져야 한다. 뉘앙스는 조금 다르지만 이것이 독도와 관련해 지금까지 우리정부가 추구한 '조용한 외교'였다.

최근 한국에는 독도문제를 헤이그에 있는 국제사법재판소에 상정하여 정정당당하게 한번 따져보자는 사람들도 있는데 이는 매우 위험한 발상이다. 왜냐하면 국제사회에서 차지하는 우리나라의 위치가 일본에 비해 그리 높지 않을뿐더러 독도를 바라보는 국제 여론도 우리에게 그렇게 우호적이지 않기 때문이다. 더군다나 국제사법재판소의 회장직도 역시 현재 일본인이 맡고 있다.

루마니아 뱀섬 [출처: 구글]

루마니아 뱀섬 [출처: 구글]

뱀섬의 판결에서도 알 수 있듯이 국제사법재판소는 'all-or-nothing'이 아니라 대개 몇 대 몇으로 판결 내릴 가능성이 많기 때문에 절대 헤이그로 가는 일은 없어야 한다. 만약 독도 영유권이 한국 99% : 일본 1%로 판결났다 가정한다면 어쨌든 우리는 지금보다 1%를 잃는 셈이 된다. 또한 국제사법재판소에서 한번 판결이 나면 독도문제는 더 이상 원점으로 되돌릴 수 없게 된다. 일본의 노림수는 결론이 어떻게 나든 간에 일단 한 번 이 문제를 헤이그로 끌고 가보자는 심산이다. 밑져봐야 본전이라는 식이다. 따라서 우리는 이러한 조그마한 위험도 감수해서는 안 되고, 앞에서 언급한 속담처럼 조금 시끄럽겠지만 개가 짖더라도 신경 쓰지 말고 곰처럼 그러려니 하고 가던 길 가는 것이 상책이다.

2010년 들어 중국에서는 동중국해와 태평양 사이에 위치하는 난세이(南西)제도 최대 섬인 오키나와(Okinawa)를 중국 땅이라고 반환을 주장하는 목소리가 커지고 있다. 이번에는 정반대로 일본이 보기 좋게 중국에게 당하는 형국이 되었다. 이런 움직임이 중국에서 일고 있는 것은 오키나와 미군기지 이전문제를 두고 미국과 일본 간에 불편한 기류가 흐르고 있는 틈을 노린 것이다.

지난 2010년 3월 미국과 일본 양국은 제2차 세계대전 이후 주일미군이 관리해오던 오키나와 섬 주변의 '레이더관제시스템'을 일본에 반환하기로 정식 합의했다. 이로써 1945년 4월 미군이 오키나와섬을 점령한 이후부터 독점해오던 이 시스템은 65년 만에 일본으로 넘어갔다. 또한 그로부터 한 달 후, 도쿄 도심에 모인 일본인 시위대는 일본 정부가 미군 기지를 오키나와 섬 내의 다른 지역으로 옮기는 것에 반대하며 아예 '미군기지 없는 오키나와(No Base Okinawa)'를 주장했다. 어쨌든 중국은 오키나와 섬 내의 미군기지 이전문제를 두고 미일 간의 외교적 갈등이 불씨가 되고 있는 틈을 타 오키나와 섬 반환을 주장하기 시작했다.

우리도 오키나와섬과 관련된 사건 추이를 주의 깊게 지켜볼 필요가 있다. 2010년 중국은, 1968년 일본이 독일을 제치고 차지한 세계 2위 경제대국 자리를 42년 만에 물려받았다. 따라서 앞으로 중국은 막강한 경제력을 앞세워 자국의 옛 영토에 보다 더 적극적인 관심을 보일 것이다.

2010년 9월 오키나와 남서쪽 200km에 위치한 센카쿠 열도(尖閣列島, 중국명 댜오위다오) 즉 조어도(釣魚島)를 두고 최악의 상황으로 치닫던 중국과 일본의 영유권 분쟁이 사실상 일본의 패배로 일단락되었다. 그렇지만 중국의 아세안국가들과의 영유권 분쟁 외에도 위안화 절상이나 엔고와 같은 미국과 중국 그리고 일본 사이의 'G3 환율전쟁' 등 아직도 민감한 현안들이 해결되지 않고 있어 한반도를 둘러싼 동북아시아 지역에서 G3간의 분쟁의 불씨는 여전히 남아 있다.

물론 이번 센카쿠열도 분쟁에서 중국의 무차별적 공세를 견디지 못한 일본의 항복은, 그동안 '우리 독도'를 두고 자행한 일본의 행위를 감안할 때 당연히 낭보(朗報)이다. 하지만 분명한 것은 한반도 주변에서 발생하는 조그마한 분쟁도 한반도 평화와 우리나라의 국익에 별 도움이 되지 않는다는 사실이다.

Berkeley Column

독도와 뱀섬 (3)

아시아에서의 헤게모니를 두고 중국이 급부상함에 따라 향후 일본은 점차 한국으로 접근하려 할 것이다. 중국을 견제하기 위해 한국과의 결속을 이전보다 좀 더 강화할 가능성이 많다는 의미이다. 물론 그렇다고 해서 일본이 독도 영유권을 완전히 포기하지는 않겠지만 그 강도는 상당히 약해질 가능성이 많다.

몇 년 전, 영국 BBC방송이 독도문제를 다루었다. 개인적인 생각이지만 영국은 한국과 일본 두 나라 중에서 일본 쪽에 좀 더 가까운 듯하다. 그동안 영국의 TV방송과 언론매체에 실린 한국관련 기사들을 보면 쉽게 알 수 있다. 한 예로, 2008년 뉴욕 발 경제위기 이후 한국의 금융위기 가능성을 아무런 근거 없이 가장 큰 목소리로 부추겼던 대표적인 해외언론이 영국의 파이낸셜타임즈(Financial Times)였다. 그런 영국이 몇 년 전 독도와 관련해 뜻밖에도 다소 객관적인 시각에서 방영하였다. BBC 방송의 주요 내용은 삼성, 현대 등 한국의 대기업들을 구체적으로 언급하면서 한국경제가 일본을 바짝 뒤쫓아 오기 때문에 일본이 계속 독도문제를 걸고넘어진다는 것이다.

그럴듯한 것이, 디지털 시대가 시작되면서 삼성전자는 이미 2005년 실적에서 과거 아날로그 시대의 전자업체 신화였던 소니를 멀찌감치 제쳐버렸다. 특히 최근 들어 일본이 엄청난 충격에 빠진 일이 있었는데, 그 이유는 소니, 도시바, 파나소닉, 샤프, 산요, 히타치 등 일본의 주요 9개 전자업체 2009년 3분기 영업이익 총액이 삼성전자의 절반에도 못 미쳤기 때문이었다.

현대자동차는 1967년 창립 이후 주로 포드자동차를 조립, 판매했지만 1976년 한국 최초의 고유모델 포니를 출시할 때에는 일본의 미쓰비시 엔진을 장착했다. 그 후 80년대 현대자동차가 빠른 속도로 성장하자 일본 언론에서는 '새끼호랑이'를 키웠다는 말이 심심찮게 나왔다. 2010년 현재 그 새끼호랑이는 폴크스바겐그룹, GM, 도요타, 포드에 이어 세계 자동차업계 5위로 부상한데 반해 2009년 한때 푸조-시트로앵과 합병설까지 나돌았던 미쓰비시자동차는 세계 15위에 머물러 있다.

90년대 이후 일본의 경기침체를 두고 '잃어버린 10년, 20년'으로 비유했지만 최근에는 '잃어버린 30년'이라는 말까지 나오고 있다.

일본입장에서 보면, 한국은 이제 부담스런 존재인 것이다. 그 이유는 자동차, 선박, 반도체, 철강은 물론 지금은 리튬이온 2차 전지 시장까지 넘보고 있기 때문이다. 일본 업체들의 제2차 전지 세계시장점유율은 2005년만 해도 이 분야에서 독보적이었으나, 2010년 9월 현재 세계시장점유율 약 40%를 차지하고 있는 한국은 2010년 말쯤 일본을 제치고 이 분야에서도 '제2의 반도체 신화'를 재현할 것으로 전망된다. 특히 지난 2010년 8월 말 한국은 세계 리튬매장량의 절반이 묻혀있는 자원대국 볼리비아와 리튬개발사업 관련 양해각서(MOU)를 체결했다. 실로 국가적인 경사였다. '제2의 석유자원'으로 간주되는 리튬은 전기자동차, 휴대전화, 노트북 등의 핵심원료로 사용된다. 더구나 21세기에는 세계 자동차업계가 전기자동차를 중심으로 재편될 것이기 때문에 그동안 일본, 중국 등 많은 국가들이 리튬확보에 혈안이 되어 있었다. 기술도 중요하지만 자원의 안정적인 확보야말로 미래 한국경제성장의 원동력인 것이다.

앞으로는 일본보다 중국이 우리에게 '중요한 과제(課題)'로 다가올 것이다. 향후 막강한 경제력을 앞세운 중국이 민족주의를 기반으로 다소 막무가내식의 태도를 보일 가능성도 전혀 배제할 순 없다. 현재 사회주의 체제를 유지하고 있는 중국과 중국인들에게 민주주의와 성숙한 시민의식을 기대하는 것은 때 이른 감이 없지 않다.

한국의 최대 교역국인 중국은 분명 우리에게 가장 중요한 국가들 중 하나이지만 그렇다고 미국처럼 전통 우방국으로 간주하기도 힘들다. 한중 두 나라 사이에는 항상 북한이란 변수가 존재하고 있기 때문이다.

물론 앞으로 많은 시간이 필요하고 또 그 과정도 복잡하겠지만, 향후 동북아 지역에 EU나 NATO와 같은 정치, 경제협력기구가 설립될 경우 독도문제와 같은 영토분쟁은 생각보다 쉽게 해결될 수도 있을 것이다. 오늘날 서유럽에서 영토문제가 거의 발생하지 않는 것도 EU와 NATO의 실질적인 역할에서 그 이유를 찾아볼 수 있다.

고무적인 것은 최근 들어 한중일 3국이 동북아 경제공동체 구축에 많은 관심을 가지고 있고, 특히 이러한 움직임이 한국의 주도하에 이루어지고 있다는 점이다.

독도와 뱀섬 (4)

Berkeley Column

대개 돈을 딴 사람보다 꼰 사람이 큰소리치는 것처럼 국제사회에서도 무역적자인 국가가 흑자를 낸 상대국에게 무역수지 개선 등을 강하게 요구하는 것이 일반적이다. 최근 미국이 중국에게 위안화 절상을 강력하게 압박하는 것도 같은 이유에서이다.

지금까지 일본은 한국과의 교역에서 상당한 무역흑자를 보고 있기 때문에 독도문제를 주장할 때 조심스런 면이 전혀 없는 것은 아니다. 하지만 한국의 최대 흑자국인 중국은 일본과는 정반대 입장일 가능성이 많다.

천안함 사태 이후 한반도 주변에서 한미연합훈련이 시작되자 중국의 한 고위관리는 '한국은 중국에서 돈만 벌어가지 결국 미국과 한편'이라는 식의 불편한 심기를 드러낸 적이 있다. 십분 이해가 가는 것이, 현재 중국이 우리를 먹여 살리고 있다 해도 과언이 아니다. 2009년 한국의 대중 무역흑자(324억불)와 대일 무역적자(277억불)를 보면 중국에서 번 돈을 고스란히 일본에게 갖다 바치는 형국이다. 그렇기 때문에 만에 하나 앞으로 한중 두 나라 사이에 영토분쟁이 생긴다면, 이는 독도문제보다 훨씬 더 심각하게 대두될 가능성이 많을뿐만 아니라 그것도 우리가 일방적으로 당하는 입장이 될 수도 있다.

그동안 대중국 직접투자액이 매년 증가하면서 2009년 기준 약 4만여 개의 한국기업이 중국에 진출한 것으로 집계되었다. 사정이 이렇다보니 이제 한국은 마치 "귀한 딸자식"을 중국으로 시집보낸 친정부모의 마음처럼 매사 노심초사하는 입장에 있다.

한국도 중국과의 영토분쟁에서 예외일 순 없다. 중국은 2002년 사회과학원을 중심으로 고조선을 비롯한 고구려, 발해 등 한국의 고대사를 중국사에 편입시키는 동북공정(東北工程)을 실시했고, 마라도에서 서남쪽으로 152킬로미터 떨어진 전설의 섬 이어도(離於島: 중국명 쑤옌자오)를 중국 땅이라고 주장하고 있다.

독도문제는 시민단체 수준에서 많은 노력을 해야겠지만 그렇다고 지금 우리가 우려하는 것만큼 그렇게 심각하게 대두되지는 않을 거라 생각된다. 하지만 중국과의 영토분쟁은 독도문제와는 달리 확실히 어려운 면이 있다. 감정적인 차원에서 접근하면 민족주의에 기반을 둔 중국이 더 감정적으로 나올게 뻔하기 때문에 신중하게 대처하면서 조금씩 중국을 설득하는 자세가 필요할 것이다. 현재 한중 두 나라는 경제적으로도 아주 밀접하게 연결되어 있어 멀리하기에는 너무 가까운 이웃이 되어버렸다. 따라서 인터넷상에서의 감정적 대응은 가급적 자제하고 대화를 통한 점진적 설득과 상호 이해가 최선일 것이다.

중국의 급성장과 관련해 '샌드위치론', '역(逆)샌드위치론'이 언급되고 있다. 따라서 앞으로 중국은 우리에게 위협인 동시에 기회가 될 것이다.

현재 한국의 최대 무역 교역국은 미국이 아닌 중국이다. 2010년 한중 두 나라의 무역규모는 한국의 제2위 무역상대국 일본(712억불)과 제3

위 미국(667억불)을 합친 것보다 훨씬 많은 약 1,700억불에 이를 것으로 추정된다. 특히 한중 수교 20주년이 되는 2012년에는 2,000억불에 육박할 것이라는 예상도 나오고 있다. 명실상부하게 중국은 이제 한국의 최대 교역국인 셈이다.

필자의 기우일거라 생각되지만, 앞으로 중국이 한국을 매섭게 추격함으로써 현재의 대중 무역흑자가 현저히 감소되는 동시에 대일 적자구조는 개선되지 않고 지속되는 그런 최악의 사태가 올 수도 있다. 일본은 논외로 하더라도, 앞으로 중국은 한국을 '잃어버린 20년 혹은 30년'이라는 경기침체로 몰아 갈 수 있는 '야누스(Janus)적인 존재'이기도 하다. 수십 년 동안 일본이 한국으로부터 엄청난 무역흑자를 보았지만 한국기업들의 급성장으로 인해 일본경제가 지금도 영향을 받고 있는 것을 보면 쉽게 이해가 된다. 그래서 앞으로 중국은 미래 '한국의 국운(國運)'을 가늠하는 중요한 지표가 될 것이다.

독도문제가 대두되거나 한국 축구 대표 팀이 월드컵 경기를 할 때 한국인들은 절대 좌우로 양분되지 않는다. 같이 생각하고 같이 행동하고 또 같은 목소리를 낸다. 그런데 천안함과 같은 사건이 발생하면 영락없이 좌우로 갈라진다. 이제부터는 독도와 관련된 문제뿐만 아니라, 국내 그리고 한반도 주변에서 일어나는 사건들은 가능한 국운을 염두에 둔 거시적인 차원에서 접근해야 할 것이다.

한반도에 긴장상태가 고조되면 될 수록 '국가차원에서의 대화합'이 가장 절실히 요구된다. 정치인들도 더 이상 이념적인 문제로 싸우면서 국민들을 좌·우파로 가르지 말고 초당적인 차원에서 생각하고 행동해야 할 것이며, 특히 우리 국민 모두도 한 번 더 진지하게 국가와 민족을 생각해야 할 것이다.

Berkeley Column

캘리포니아 **잔디**와 서울의 **청계천** (1)

2010년 초 기록적인 폭설과 한파로 도심의 교통이 마비되었던 서울을 뒤로하고 필자는 버클리대학교(UC Berkeley) 객원교수 자격으로 미국 캘리포니아 서부해안가 베이지역(Bay Area)의 한 도시에 조그마한 보금자리를 마련하였다.

얘기를 들어 익히 알고는 있었지만, 그래도 직접 이곳에서 생활하며 느끼는 캘리포니아의 기후는 가히 환상적이다. 연중 내내 한국의 초가을 날씨를 유지하고 있을뿐만 아니라 태평양에서 불어오는 시원하고 깨끗한 바다 바람은 바다냄새라곤 전혀 없고 색색의 꽃이 흐드러지게 핀 가로수에서 풍기는 향긋한 내음까지 머금은듯하다. 늘 습도가 낮아 불쾌지수가 없으니 고온다습한 한여름을 당연히 견디어내던 나 같은 한국사람으로서는 항상 산뜻하고 가뿐해 정말 축복받은 땅이란 생각이다. 뿐만 아니라 그리 멀지 않은 곳에서 태평양의 짙은 바다색을 감상할 수 있고 또 도시 주변을 감싸고 있는 짙푸른 산과 초원도 볼 수 있어 삶의 운치는 배가 된다.

그런데 겨울이 지나고 여름이 되면서 주위의 산과 초원은 모두 황금색으로 누렇게 변해 버렸다. 한국에서 한여름의 울창한 초록에 익숙하던 내 눈은 황금색의 구릉과 산, 그리고 그 황금색과 대비를 이룬 나무와 잔디의 푸르름에 처음엔 당황하면서도 뭔가 색다른 이국적인 운치를 느낀다.

비록 주변의 산이 온통 황금색으로 변했지만 필자의 집 근처에 있는 잔디는 푸르름을 잃지 않아 처음에는 별 의심 없이 평지라서 그런가보다 하고 생각했다. 그렇게 몇 달이 지난 어느 날 밤, 가느다란 빗소리에 문밖을 나가보니 스프링클러(sprinkler)가 땅 속에서 솟아나와 잔디에 물을 뿌리고 있는 게 아닌가! 그때까지만 해도 스프링클러는 필자가 살고 있는 지역에 한해서만 설치되어 있는 줄 알았다. 캘리포니아의 푸른 잔

누렇게 변한 캘리포니아의 여름 산

디에 대한 비밀은 신문기사를 읽고 난 후에야 알 수 있었다. 그 내용을 소개하면 다음과 같다.

로스앤젤레스타임스(Los Angeles Times)에 따르면, 지난 7월 캘리포니아 주 오렌지카운티(Orange County)에서 살고 있는 한 부부가 수도요금을 아끼기 위해 자신의 집에 있는 정원의 잔디를 모두 뽑았다가 시 당국으로부터 도시법 위반 혐의로 고소를 당했다. 내용인 즉, 가뭄이 심한 남부 캘리포니아 지역에서 정원에 잔디를 키우려면 연간 수십만 갤런(gallon: 약 3.8리터)의 물이 사용되기 때문에, 이들 부부는 수백 달러에 달하는 수도료가 만만치 않아 정원의 잔디를 모두 제거한 것이었다. 이로 인해 이들 부부는 2007년 약 30만 갤런 소비하던 물 사용량을 2009년 약 6만 갤런으로 줄일 수 있었다고 주장했지만 시당국은 이들 부부에게 정원에 다시 잔디를 심을 것을 명령하였다.

7월 초 아이들의 여름방학을 기회로 가족들과 함께 로스앤젤레스와 샌디에고에 여행하면서도 항상 그곳의 잔디는 어떤지, 계속 살아있는지 유심히 살펴보았다. 잔디는 푸르렀고 스프링클러도 설치되어 있었다. 캘리포니아의 이 넓고 많은 도시에 스프링클러가 설치되어있다고 생각하니 그동안 얼마나 많은 설치비용이 들었고 또 앞으로 얼마나 많은 유지비용이 계속 들어갈까하는 생각이 들었다. 캘리포니아 주정부에서 관리하는 잔디이건 개인이나 기업이 관리하는 잔디이건 간에 캘리포니아에서 잔디를 위한 경제적 비용은 모르긴 몰라도 천문학적인 액수가 들어갈 것이라 예상하면서, 정말 미국은 대단한 나라구나! 절로 탄복했다.

현재 캘리포니아 주의 경제규모는 미국의 다른 주에 비해 훨씬 클 뿐만 아니라 웬만한 세계 주요 선진국의 국가경제 규모에 버금가 세계에서도 7~8번째라고 한다. 이 말은 일개 캘리포니아 주의 경제규모가 러시아의 전체 국가경제규모를 앞선다는 의미이다. 하지만 2008년 뉴욕 발 금융위기 이후 미국경제는 상당히 악화되어 작년 말 기준으로 전체 50개 주 가운데 46개의 지방정부가 재정 적자에 허덕이고 있으며 그 중에서도 캘리포니아, 일리노이, 미시간, 뉴욕 등 6개 지방정부는 파산위기에 직면할 정도로 심각하다고 한다. 경제사정이 제일 좋지 않은 캘리포니아의 올해 적자규모는 190억불 즉 우리 돈으로 20조원이 넘을 것으로 예상되지만 잔디유지를 위해 많은 비용을 지불하고 있는 것이다. 사막화 방지를 위해서건 캘리포니아에서 거주하는 미국 시민들의 더 나은 삶을 위해서건 어쨌든 이를 감내하고 있다는 생각이 들었다. 캘리포니아의 푸른 잔디를 보면서 필자는 문득 서울의 청계천이 떠올라 이런 저런 생각에 잠겼다.

누렇게 변한 캘리포니아의 여름 산

Berkeley Column

캘리포니아 **잔디**와 서울의 **청계천** (2)

번잡한 도심 한가운데 작지만 아담하고 맑은 냇물이 정겹게 흘러가며 600년 도읍지 서울의 역사를 조곤조곤 이야기해주는 곳, 그 어느 나라 사람들보다 열심히 또 치열하게 살아가는 서울시민들이 오가며 잠깐 삶의 여유를 찾아 휴식을 취하는 곳!

청계천

하지만 최근 한국에는 청계천과 관련해 논란이 많다. 현 정부의 4대강 사업과 비교되기도 하고 유지비용이 문제되기도 한다. 그동안 복원비용으로 쓰인 돈이 약 3,900억 원이고 또 매년 들어가는 유지비용이 복원 이듬해인 2006년에 67억,

2007년 72억 그리고 2008년에는 77억 원으로 늘어났다고 한다. 이를 하루로 계산하면 대충 2,000만원이라는 액수가 나온다. 게다가 시간이 지나면서 청계천 바닥에 끼는 녹조를 청소하는데 예상치 않았던 비용이 들자 민주당 한 국회의원은 청계천이 "하수구가 된 것"이라면서 "청계천이 국민세금 잡아먹는 돈계천이요, 사람 잡는 살계천"이라고 언급했다.

60~70년대는 자장면 곱빼기가 최고였던 배고픈 시절이었다. 당시 세계경제에서 차지하는 한국의 경제규모는 미미했고 한국의 100억불 수출은 1977년에야 달성되었다. 지금은 상황이 많이 바뀌었다. '세계무역보고서 2010'에 따르면, 2009년 한국은 수출규모에서 사상 처음 영국을 제치고 세계 9위에 올랐다. 또 2010년 상반기에는 이탈리아와 벨기에를 밀어내고 중국, 미국, 독일, 일본, 네덜란드, 프랑스 다음으로 세계 7위 수출대국이 되었다. 이제 우리도 질적인 삶이나 미(美) 등을 추구할 수준에 올랐다. 유럽은 그렇다 치더라도 가까운 동경에만 가봐도 다양한 형태의 예술적인 건축물을 많이 볼 수 있다. 국가차원에서 세계적인 건축가를 양성하면서 아름다운 건축물에 관심이 많기 때문이다. 그렇다면 서울은 어떨까! 서울 도심의 건물들은 이렇다 할 특징도 없지만 앞으로 몰려올 중국인 관광객을 유치해야한다고 야단이다. 실로 한강 건너편에서 빼곡히 들어선 잠실 재건축 아파트를 보면 아직도 갈 길이 멀구나하는 생각이 든다.

청계천

청계천의 돌다리

본래 서울은 세계 어느 도시보다 그 자체

도쿄에 있는 '자유의 여신상'

도쿄 도청

'춤추는 빌딩'

로 아름다운 도시 구비조건을 잘 갖추고 있다. 주변에 북한산, 인왕산 그리고 남산 등 빼어난 산이 도시를 호위하고 있고 또 도심 중앙을 휘감으며 한강이 유유히 흐르고 있고... 아마 세계 어디를 가봐도 서울같이 매력적인 도시를 찾아보기란 그리 쉽지 않을 것이다.

몇 년 전 동경외대를 방문할 기회가 있었다. 동경 도심의 거리와 건물들은 아주 깨끗하고 훌륭했지만 도시 자체가 지니고 있는 매력은 서울보다 그리 크지 않다는 느낌이었다. 이목을 끄는 멋진 건물도 많았지만 너무 빼곡히 들어서 있어 며칠을 넘기지 못하고 갑갑함에 그곳을 빠져 나오고 싶은 생각이 들었다.

서유럽은 물론, 한국보다 가난한 동유럽 국가들도 건축물을 세울 때 전통과 미를 생각한다. 체코 프라하에는 '세계에서 가장 아름다운 건축물 TOP 10'에 속하는 '춤추는 건물(Dancing Building)'이 있다. 이것은 네덜란드 회사의 건물로 춤추는 남녀의 모습을 건축미로 형상화한 것이다. 작은 건물 하나가 세계적인 관광명소가 되었다.

루마니아의 '구(舊) 정보국 건물'도 우리의 상상을 뛰어넘는다. 1989년 루마니아 혁명 때 건물 윗부분이 부서졌는데 몇 년 전 남아 있는 건물 외관을 그대로 보존하면서 건물 내부에 초현대식 건물을 다시 쌓아 올렸다. 즉 건물 아래 부분의 중세풍은 그대로 보존한 채 윗부분을 현대풍의 멋진 건물로 만들어 중세와 현대, 과거와 미래가 공존하는 건물로 다시 탄생시킨 것이다.

일본 고쿤타워(Mode Gakuen Cocoon Tower): 2008년 엠포리스상賞(Winners of the Emporis Skycraper Award)을 수상한 초고층 건축물로 학생들이 패션을 공부하는 '모드학원(Mode School)'이다. 타워이름에서 알 수 있듯이 '누에고치(cocoon)'를 모티프로 설계되었는데 누에고치가 나방이 되어 훨훨 날아가는 것처럼 학생들도 졸업 후 자신의 꿈을 펼쳐 높게 비상할 것이라는 희망의 메시지를 상징적으로 표현하고 있다.

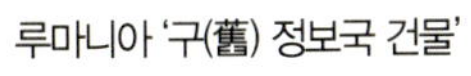

루마니아 '구(舊) 정보국 건물'

최근 서울시가 청계천 복원 후 성과를 부풀리기에만 급급하다는 의혹이 제기되고 있다. 상황이 이러하자 발 빠르게 청계천을 폄하하여 정치적으로 이용하려는 세력도 있다. 물론 국민의 세금으로 충당하는 청계천 유지비용은 결코 적은 돈이 아니다. 유지보수비용을 줄일 수 있는 방안이 있다면 적극 찾아봐야 하고 또 녹조로 인해 물고기가 죽어간다면 하루 빨리 대책을 강구해야 할 것이다. 하지만 청계천은 더 이상 정치적인 시각이 아니라 서울 시민들의 질적인 삶 그리고 도시 미학적인 관점에서 바라봐야 할 것이다.

현재 청계천의 문제점을 지적하는 대부분의 사람들도, 청계천이 도심하천으로서 지니고 있는 "도심의 오아시스"와도 같은 효용가치를 높게 평가하고 있다. 만약 청계천이 미완의 복원이라면 향후 청계천이 세계적인 명소로 완전히 자리 잡을 수 있게 지금이라도 궁극적인 대책을 마련해야 할 것이다.

체코 프라하 시내 전경

노블레스 오블리제 (Noblesse oblige)

프랑스어로 '귀족의 의무'를 의미하는 '노블레스 오블리제'는 사회의 지배층이 명예, 신분 등에 걸맞게 사회에 대한 책임과 도덕적 의무를 병행해야 한다는 뜻이다. 이 말을 국가적인 차원으로 확대해석하면, 선진국은 국력이나 경제력에 걸맞게 국제사회에서 책임과 의무를 다해야 한다는 의미로도 이해할 수 있다.

최근 국제사회에서 노블레스 오블리제를 실행하는 한국정부의 행보를 어렵지 않게 찾아볼 수 있다. 지난 2010년 9월 8일 한국정부는 이란 제재와 관련해 금융, 무역, 운송과 여행 그리고 에너지 등 4개 분야에 걸친 포괄적 내용의 유엔 안보리 결의 1929호 이행조치를 공식 발표했다. 이로써 사전에 허가 없이 이루어지는 이란과의 모든 금융거래는 금지되었고 특히 이란 멜라트(Mellat) 은행 서울지점이 2개월 영업정지를 받았다. 이란이, 미국과 유럽연합(EU)은 물론이고 호주, 캐나다, 일본, 한국과 같은 국가들로부터 추가제재를 받게 된 것은 핵 프로그램 중단이라는 국제사회의 요구를 거부하고 있기 때문이다.

경제적 손실이 불가피한 한국의 이란 제재는 대내외적으로 커다란 관심사였다. 그동안 우리 정부도 제재 수위를 놓고 고심했다. 이란 제재에 동참하라는 미국의 요구를 수용하면서 그로 인해 야기되는 경제적 손실을 최소화해야 했기 때문이다.

이란은 한국의 15번째 교역국이다. 이란에 수출하는 한국기업체 수가 2,000개가 넘고 또 2009년 기준 한국과 이란 간의 연간 교역액도 수출 39억9천만불을 포함해 100억불에 이른다고 한다. 이번 조치로 수출전선에 빨간불이 켜질게 뻔하고 이란으로부터의 원유수입도 차질을 빚을 가능성이 많다.

이처럼 앞으로 이란 제제로 인한 한국의 경제적 손실은 당연할 듯하다. 그렇지만 다른 측면에서 보면, 한국이 경제적인 손실을 감수하면서까지 여타 선진국처럼 국제사회에서 노블레스 오블리제를 실행하고 있다는 사실이다.

미국도 한국의 고심을 잘 알고 있는 듯, 지난 9월 힐러리 클린턴 미 국무장관과 가이트너 미 재무장관은 공동성명에서 "한국과 이란 간의 중요한 무역관계를 감안할 때 이번 결정이 한국으로서 손실을 감수한 것이라는 점을 알고 있으며 감사하게 생각한다"고 언급했고, 조 리버맨 상원의원도 "정치적으로나 경제적으로나 한국정부가 결정하기 쉽지 않았던 문제임을 잘 알고 있다"고 언급하면서 글로벌 리더에 걸맞게 "국제적 책임을 피하지 않은 한국의 리더십을 미 의회는 기억할 것"이라 강조했다.

지난 2010년 11월 12일 폐막된 서울 G20정상회의에서도 노블레스 오블리제를 실천하려는 우리 정부의 의지를 찾아볼 수 있다. 당초 환율 전쟁터가 될 것으로 예견되었던 서울회의는 시작부터 미국, 중국을 위시하여 여러 국가들의 이익이 첨예하게 대립된 터라 의장국인 한국은 어려운 회의를 주재해야 했다. 서울회의의 최대 이슈였던 환율문제는 구체적인 성과 없이 내년 프랑스 정상회의 때까지 합의하는 것으로 잠정적인 결론을 내렸지만 글로벌 금융안전망 강화, 개발도상국의 경제성장 지원 등과 같은 여러 가지 구체적인 합의안 도출은 평가할 만했다. 특히 이번 서울회의에서는 그동안 "선진국 중심의 논의(의제설정)를 신흥국 관심사로 전환했으며, 한국을 비롯한 신흥국들이 많은 관심을 가지고 있는 문제들을 의제로 다룸으로써 한국이 비(非) G8 최초의 G20의장국으로서 선진국과 신흥국 간의 가교역할"을 톡톡히 했다는 평가를 받았다.

이명박 대통령은 G20 정상회의 폐막 직후에 가진 기자회견에서, 앞으로 개발도상국에게 경제적 원조는 물론 한국 개발정책의 '성공과 실패의 경험'까지 전수할 것이라고 밝혔다. 뿐만 아니라 그는 2010년 11월 14일 요코하마 APEC 정상회의 직후, 귀국 도중 비행기 내에서 가진 연설에서도, 서울 G20정상회의의 성공적인 개최는 국민의 협조와 성원 덕분이라고 강조하면서 G20에서 진심을 가지고 개발도상국의 개발문제를 논의하자 아프리카 정상들이 눈물을 글썽이며 감동했다는 일화도 소개했다.

이번 서울 G20회의를 지켜본 신흥국들은 분명 한국이 보여준 '노블레스 오블리제'를 주목할 것이다. 회의기간 동안 신흥국들의 입장에서 선진국과 신흥국을 잇는 가교역할을 성실히 이행함으로써, 이들 국가들에게 있어서 한국은 '신흥국의 이해를 대변하는 국가'라는 좋은 이미지로 비춰질 것이다. 물론 이러한 긍정적인 이미지가 완전히 정착되기까지는 많은 시간이 필요하겠지만 앞으로 우리 정부가 이를 지속적으로 실천한다면 언젠가는 한국의 국익과 직결되는 커다란 화답(和答)으로 돌아올 것이다.

Berkeley Column

미국에는 미인(美人)이 많다!

그간 필자는 미국에서 많은 한국 분들을 만나 보았다. 30대부터 50년 전 미국으로 이민 온 분들까지 연령별로 다양하다. 그런데 이들 대부분은 나이에 비해 아주 젊어 보이고 순수한 마음을 간직하고 있다. 이들 모두는 '미인(美人)'이다.

미인은 아름다운 사람을 의미하는데 요즘은 미인의 종류도 다양하다. 피부미인, 성형미인, 건강미인, 자연미인, 사랑미인 등. 2009년 국제미용성형수술협회(International Society of Aesthetic Plastic Surgery)는 세계에서 성형수술을 가장 많이 하는 국가순위를 발표했는데 미국이 1위, 2위 중국, 3위 브라질 그리고 4위가 인도였다.

그간 성형대국으로 알려진 일본과 한국은 각각 6위, 7위에 머물렀다. 그런데 인구수를 감안한 국가별 순위를 생각해보면 대부분의 국가들이 한국보다 우위이기 때문에 자연히 인구대비 성형수술건수는 대한민국이 최고라고 볼 수 있다. 2010년 일본에서 출간된 서적 "이렇게 다른, 일본인 한국인 중국인"을 보면 성형수술 찬성여부에 대한 질문에 한국인은

76%가 찬성한 반면 일본은 30.6% 그리고 중국은 18.8%에 그쳤다.

오늘날 한국 여성들에게 있어 성형은 살아가면서 한 번씩 거치는 필수 의례(儀禮)처럼 되어버렸다. 또한 최근에는 취업을 앞둔 우리나라 젊은 남성들은 물론 유명 정치인들까지 성형을 하고 있는데, 이제 한국에서 성형수술은 더 이상 허물이 아닌 듯하다.

사실상 '미(美)를 추구한다'는 것은 고무적인 일이다. 위의 순위에서도 알 수 있듯이 이제 대한민국은 개인의 미적 추구와 관련해 세계 최고의 수준에 이르렀다. 이는 미를 인식하는 우리나라 국민들의 수준이 그만큼 높아졌다는 것을 의미한다. 필자는 여기서 성형이 좋다 나쁘다를 말하고 싶은 게 아니라 한국인들의 미적 추구가 단지 '개인적 차원에서의 미' 즉 개인의 아름다움만을 추구하는 수준에서만 머물지 말고 '사회적, 국가적 차원의 미'까지 추구하는 한층 성숙된 인식이 자리 잡았으면 하

피크닉을 즐기고 있는 미국 한인가족 어린이들

는 바람이다.

한국에는 성형미인이 많고 미국에는 '사랑미인'이 많다! 이렇게 말하면 방금 전 성형수술과 관련해 세계 1위가 미국이라고 해놓고 무슨 말이냐고 반문할 것이다. 그리고 사랑미인은 또 뭔가 하고 의아해 할 것이다. 여기서 사랑미인은 미국인이 아니라 미국에서 살고 있는 한국인 즉 '코리안 아메리칸(Korean American)'을 대상으로 생각해본 말이다.

언젠가 우리나라 TV방송에서 여자 연예인들이 대화하는 것을 흥미롭게 들어보았다. 하나같이 미인이고 또 이름만 대면 누구나 알 수 있는 인기 연예인이었다. 그런데 그들의 대화 내용이, "우리같이 결혼한 여자들은 친구들을 만날 때 혹시 남편의 사랑을 받지 못하는 게 얼굴에 나타날까봐 걱정된다"는 것이었다. 여기서 필자가 생각해 본 단어가 사랑미인 즉 '남편에게 사랑받는 아내'이다.

미국에서 사랑미인을 만나기란 별 어렵지 않다. 아니 너무 쉽다고 말하는 것이 옳을 성 싶다. 미국에서 사랑미인이 많은 것은 여러 가지 이유가 있겠지만 그 중 하나가 '가족중심의 문화'라는 생각이다. 한국에서는 어쨌든 직장 위주로 진행되는 생활을 좀처럼 무시할 수 없는데 반해 미국에서는 거의 모든 일이 가족중심으로 이루어진다. 사실 한국에서 직장생활을 하다보면, 퇴근 후나 특히 주말이 되면 각종 경조사로 바쁘고 또 이런 저런 회의와 회식 때문에 귀가가 늦어지기 일쑤이다. 사정이 이렇다보니 한국에서 가족중심의 문화를 기대하기란 다소 어려움이 있다. 이 외에도 미국에 '대리운전(chauffeur service)'이 거의 없는 것도 가족중심의 문화를 가능케 하는 또 하나의 요인이란 생각이다. 적어도 필자의 경우는 그렇다. 미국에 온 후 가끔은 밖에서 지인들과 '음락(飮樂)의 기회'를 가지고 싶을 때도 있지만 대리운전이 없다보니 그냥 포기하고 집에 돌아와 사다둔 맥주를 혼자 마시곤 한다. 미국의 음주문화가 이렇다 보니 필자는 자연스럽게 가족과 함께 많은 시간을 보내게 된다.

자의든 타의든 간에 한국의 남편들은 미국에서 만큼 그렇게 많은 시간을 가족들과 보내기가 쉽지 않다. 필자도 예외는 아니었다. 시간이 지나면서 맞벌이 하는 아내의 불만은 커져갔고 특히 아이들이 아빠를 멀게 느꼈던 것 같다. 하지만 미국에 온 후 아이들과 함께 하는 시간이 많아지자 이제 막 초등학교 1학년인 막내아들 녀석은 아빠보기를 우습게 알고 제 친구 대하듯 한다. 어느 날 아빠 두 볼을 잡고 “큐티(cutie)!, 큐티(cutie)!”하면서 버르장머리 없이 구는데 기분이 그리 나쁘지 않다. 이제 막 7개월 된 사랑미인 아내는 옆에서 피식 웃고만 있고...

Berkeley Column

루마니아式 **민중혁명**, **북한**에서도 가능할까? (1)

일국(一國)의 대사관 건물 내에 카지노(casino)가 있다면 믿기 지 않을 것이다. 그런데 90년대 중반 루마니아 주재 북한 대사관건물 일부가 한 카지노 회사에 임대되어 도박장소로 사용된 적이 있다.

북한은 하나의 국가라기보다는 마피아(Mafia)의 성격을 지닌 반(反)국가단체이다. 정부차원에서 달러 위조는 물론 마피아의 주 수입원 중 하나인 마약밀거래를 통해 외화벌이를 하고 있기 때문이다.

지난 2010년 3월 말, 북한의 천안함 폭침으로 인해 수십 명의 우리 해군병사들이 실종, 사망했다. 북한의 도발은 여기서 그치지 않고 이번에는 연평도 민가까지 무차별 포격하는 초유의 사건이 발생했다. 이명박 대통령도 지난 3월 29일 대국민특별담화에서 "민간인을 향해 군사공격하는 것은 전시에도 엄격하게 금지되는 반인륜적 범죄"이며 "북한이 발사한 포탄이 떨어진 곳 불과 10여 미터 옆에서 어린 학생들이 수업을 받고 있었다"고 언급했다.

천안함 사건과 관련해 처음부터 이런저런 의혹이 증폭되면서 그동안 한국사회는 걷잡을 수 없을 만큼 혼탁해졌고 또 그만큼 우리 국민들의 판단력도 흐려졌다. 지금도 일부 정치인들과 언론매체는 계속 의혹을 제기하고 있으며 좌파 경향의 소수 개인들과 시민단체들도 그릇된 주장들을 계속하고 있다. 하지만 북한의 연평도 도발 이후 상황은 많이 바뀌었다. 이번에는 한 치의 의혹도 제기할 수 없는 터라 그간 천안함 의혹을 주도했던 세력들조차도 할 말이 없는 듯 조용하다. 아이러니하게도 이번 북한의 연평도 만행으로 인해 천안함 사건이후 혼탁했던 한국사회는 오랜만에 뿌연 안개가 걷힌 느낌이다.

매년 돌아오는 즐거운 성탄절(Merry Christmas)은 루마니아 역사에서 '민주주의의 시작'을 알리는 상징적인 날이다. 24년간 절대 권력을 휘두른 독재자 차우셰스쿠가 1989년 12월 25일 크리스마스 때 총살되었기 때문이다.

89년 차우셰스쿠 독재정권이 붕괴하자 국내외 많은 학자들은 지구상에서 북한과 가장 비슷한 루마니아에 많은 관심을 가지면서 북한도 같은 길을 걷지 않을까하고 생각했다. 루마니아 공산체제가 북한과 비슷한 것은, 70년대 차우셰스쿠가 평양을 몇차례 방문하면서 북한을 모델로 삼았기 때문이다.

차우셰스쿠는 북한식 우상숭배와 족벌독재체제 구축, 부자세습 그리고 평양을 모델로 하는 수도 부카레스트(Bucharest)의 현대화 작업 등을 루마니아에 도입했다. 차우셰스쿠가 평양을 방문하면서 가장 깊이 감명을 받은 것은 다름 아닌 '김일성 우상숭배'였다. 또한 같은 공산주의 체제임에도 불구하고 왕조처럼 대를 이어 통치하는 북한을 모방하여 자신도 족벌체제를 강화하면서 아들 니쿠(Nicu)를 후계자로 준비하기도 했다.

루마니아 혁명이 성공하기까지 그 과정을 살펴보면 현재의 북한 상황과는 다른 점이 있다. 그러므로 80년대 말, 동유럽 및 루마니아의 전반적인 상황과 루마니아 혁명의 전개과정 등을 북한과 비교해 살펴보면 앞으로 북한의 상황이 어떻게 전개될지 예측하는데 조금이나마 도움이 되지 않을까하여 글을 실어본다.

우선, 유럽과 아시아라는 동서양의 '가치관의 차이'를 언급할 수 있다. 북한은 80년대의 루마니아보다 종교의 탄압이 심한 것은 물론 철저한 세뇌교육을 통해 우상숭배를 성공리에 실시하고 있다. 반면 루마니아에서는 공산주의 시절 대부분의 국민들이 암암리에 교회에 다녔을 정도로 종교의 자유가 상당부분 허용되었으며, 차우셰스쿠 우상숭배 역시 유럽인 특유의 개인주의(individualism) 가치관과 맞지 않아 북한처럼 큰 성공을 거두지 못했다고 볼 수 있다.

루마니아 역사에서 우상숭배 시도는 이전에도 3번 더 있었다. 2번의 경우는 소극적인 차원에서였지만 나머지 한번은 루마니아 정치사에서 차우셰스쿠 다음으로 가장 적극적으로 실시된 '철위단(Iron Guard)' 단장에 대한 우상숭배였다. 독일의 나치즘, 이탈리아 파시즘에 버금가는 유럽의 대표적인 3대 극우단체였던 루마니아 철위단은 주로 1930년대에 활동하면서 우상숭배를 시도했으나 얼마가지 못해 실패하고 만다.

이에 반해 북한의 김정일 우상숭배는 루마니아보다는 먹혀들어간다는 느낌이다. 동양의 정서와 가치관을 가진 북한 주민들은 개인주의 성향의 루마니아인들과 다소 차이가 있는 듯하다.

3대 멸족이라는 북한식 공포정치로 인한 두려움 때문인지 모르겠지만 어쨌든 우상숭배와 족벌독재정치를 받아들이는 북한 주민들의 태도는 분명 루마니아인들과는 차이가 있어 보인다.

루마니아式 **민중혁명**, **북한**에서도 가능할까? (2)

두 번째, 80년대 말의 루마니아와 현재의 북한이 처한 '외부적 상황'이 전혀 다르다는 점이다. 1985년 고르바초프가 페레스트로이카(perestroika; 개혁)와 글라스노스트(glasnost; 개방)를 표방한 이후 베를린 장벽이 무너지면서 대부분의 동유럽 국가들은 마치 유행처럼 공산주의에서 민주주의 체제로 전환하였다.

차우셰스쿠 연설장면

루마니아의 체제전환은 차우셰스쿠의 철권통치로 인해 동유럽 국가 중 가장 늦게 일어났지만 당시 동유럽에서 거세게 분 민주화 바람은 결국 철옹성 같던 차우셰스쿠 독재체제마저 넘어뜨렸다. 이에 반해 현재 북한은, 80년대 말 동유럽에서 불었던 그런 민주화 바람은커녕 또 하나의 공산국가인 중국의 보호 하에 있다.

세 번째, 루마니아 혁명이 성공하게 된 결정적인 요인으로 '군부의 역할'을 언급할 수 있다. 1989년 12월 16일 루마니아 서부지역에 위치한 티미쇼아라(Timişoara)시에서 발생한 민중시위는 채 며칠도 지나지 않아 수도 부카레스트까지 확산되었다. 당시 이란을 순방 중이던 차우셰스쿠는 급히 귀국하여 자신의 건재함을 과시하기 위해 21일 루마니아 공산당 중앙위원회 청사 앞 광장에서 관제집회를 열고 연설을 시작하였다. 하지만 연설 도중 폭발사건이 발생하자 광장은 아수라장이 되었고 집회는 시작 5분 만에 강제 해산되었다. 하지만 집회에 참석한 부카레스트대학교 학생들과 시민들은 귀가하지 않고 차우셰스쿠 독재타도를 외치기 시작했고 시간이 지나면서 시위대 규모는 걷잡을 수 없을 만큼 불어났다.

다음 날 아침 바실레 밀레아(Vasile Milea) 국방장관이 의문의 죽음을 당한 채 발견되었다. 세간에는 그가 차우셰스쿠의 발포명령을 거부해 총살되었다는 소문까지 나돌았다. 물론 혁명 이후 2005년 진상조사에서는 밀레아 장관이 쿠데타를 계획하다 발각되어 공산당 중앙위원회 청사에서 권총으로 자신의 가슴을 쏘아 자살한 것으로 판명 났지만,

차우셰스쿠가 마지막으로 연설한 루마니아 공산당 중앙위원회 청사

루마니아 공산당 중앙위원회 청사

당시의 상황은 루마니아 군부가 차우셰스쿠에게서 멀어지는 하나의 계기가 되었다. 그 이후, 후임 국방장관으로 빅토르 스튼쿨레스쿠(Victor Stânculescu) 장군이 추대되지만 그 역시 기울어가는 차우셰스쿠 정권에 연루되길 원치 않았다. 겉으로 그는 차우셰스쿠에게 충성심을 보였지만 시위 진압에 적극적이지 않았음은 물론 군사 쿠데타를 피하였다.

한편 부카레스트 시내에서 격렬한 총격전이 계속됨으로써 수많은 사상자가 발생했다. 이를 두고 당시의 주요 외신들은 사망자가 6만 명에 달할 거라 전하기도 했지만 혁명 후 2005년 진상조사에서는 사망자와 부상자를 각각 1,142명, 3,138명으로 발표했다. 상황이 심각해지자 신임 국방장관은 차우셰스쿠 몰래 전 군에게 시위대에 대한 발포를 중지하고 원대 복귀 명령을 내렸다. 당시 루마니아내의 혁명 분위기는 최고조에 달했다. 루마니아 혁명세력은 구국전선(National Salvation

Front)을 조직한 후 루마니아 텔레비전과 라디오 방송국까지 장악했다. 이런 분위기 속에서 차우세스쿠 시절, 국가 비밀경찰인 세쿠리타테(Securitate)에 비해 처우가 좋지 않아 불만이 많았던 루마니아 군인들 중 일부가 귀대하지 않고 혁명세력에 가담하기 시작했으며 또한 시간이 지나면서 일반 병은 물론 고급장교들까지 대거 합류함으로서 상황은 완전히 혁명세력 쪽으로 기울게 되었다.

혁명 이후 루마니아 언론에서는, 당시 루마니아 군부가 시민들 편에 서지 않고 차우세스쿠의 명령을 계속 따랐다면 더 많은 사상자가 발생했음은 물론 루마니아 혁명도 성공하기 어려웠을 것이라 언급했다. 이처럼 루마니아 민중혁명이 성공하기까지는 루마니아 군부의 역할이 절대적이었다고 볼 수 있다.

북한이 연평도를 포격하는 엄청난 무리수를 둔 걸 보면 내부적으로 아주 급박한 사정이 있거나 아니면 핵을 가졌다는 자신감에서 나오는 신호일 수도 있다.

북한의 군사지휘체계를 살펴보면, 현재 모든 권력이 김정일 국방위원장에 집중되어 있어 당장에는 군사쿠데타가 일어날 가능성이 희박해 보인다. 하지만 김정일 사후에는 상황이 급변할 수도 있다. 북한 전문가들은, 김정일 사후 국방위원회 산하의 인민무력부와 총정치국, 총참모부 그리고 보위사령부 간에 권력주도권을 두고 큰 충돌이 생길 가능성도 있다고 한다. 따라서 루마니아식의 급격한 체제붕괴도 전혀 배제할 수는 없는 일이다. 만약 향후 북한에서도 루마니아처럼 급격한 체제전환이 발생한다면 그것은 북한 군부와 깊은 연관이 있을 것으로 생각된다.

루마니아식 **민중혁명**, **북한**에서도 가능할까? (3)

넷째, 다른 동유럽 국가에 비해 '반체제 인사와 단체의 활동'이 거의 없는 것은 루마니아와 북한의 공통점이다. 80년대 루마니아에는 북한의 5호담당제 같은 것이 있어 체제 비난이 쉽지 않았다. 실제로 80년대 후반, 루마니아의 여러 지역에서는 차우세스쿠의 정권사퇴를 촉구하는 시위가 일어나긴 했지만 이는 모두 산발적인 수준에 그쳤다.

차우세스쿠는 독일의 게슈타포(Gestapo)와 같은 루마니아 비밀경찰 조직인 '세쿠리타테(Securitate)'를 만들어 반체제 인사들을 거의 싹쓸이 하다시피 했다. 이에반해 폴란드나 체코 등 다른 동유럽 국가에서는 공산주의 시절에도 바웬사와 체코의 '77헌장그룹' 등 반체제 인사와 단체가 암암리에 활동함으로서 자연히 80년대 말 자국의 민주화 운동의 주체가 되어 대중의 힘을 하나로 결집시키는 중요한 역할을 했다.

현재 북한의 사정을 보면 80년대 루마니아보다 더 강력한 철권통치가 실시되고 있기 때문에 앞으로 폴란드나 체코같이 반체제 인사가 주도하는 북한의 체제붕괴는 없을 것으로 생각된다.

마지막으로, 루마니아인들은 과거에 '잘살아 본 경험'이 있다는 사실이다. 루마니아 경제수준은 소련공산주의가 루마니아에 도입되기 이전에 그리스보다 우위였고 또 제1차 세계대전 이전 루마니아의 수출규모는 세계 10위권이었다. 하지만 차우셰스쿠는 루마니아를 농업국으로 전락시키려는 소련의 흐루시초프(Khrushchyov) 정책에 반대하여 중공업 위주의 스탈린(Stalin)식 경제체제를 통한 국가발전을 꾀했다. 즉 루마니아 공산당은, 국민의 윤택한 생활과 직결되는 경공업 발전을 도외시한 채 아무런 시장조사 없이 자의적으로 선정한 루마니아 3대 주력산업인 철강업, 기계공업 그리고 중화학공업만을 과도하게 발전시켰다.

시장경제 원칙을 무시한 루마니아 경제정책은 당연히 이런저런 대내외적 요인들로 인해 실패했고 결국 80년대 말 루마니아 경제는 파국으로 치달았다. 특히 130억 달러 이상의 외채를 모두 상환하기 위해 국민들을 희생시키면서까지 기아수출(飢餓輸出)을 단행함으로써 루마니아 국민들의 불만은 가중되었다. 품질이 좋다 싶은 농산물은 모두 수출했기 때문에 정작 루마니아인들은 먹을 게 없었고, 대신 국가에서 배급되는 최소한의 1일분 식량으로 근근이 생계를 이어가야만 했다. 뿐만 아니라 루마니아 3대 주력산업은 엄청난 에너지를 소비했기 때문에 80년대 내내 루마니아는 심각한 에너지난을 겪어야만 했다. 따라서 당시 루마니아인들의 하루 TV시청 시간은 심각한 전력난으로 인해 2시간으로 제한되었으며 난방시설도 작동되지 않는 아파트에서 겨울 내내 혹독한 추위에 떨어야만 했다.

이러한 상황 속에서 80년대 말 루마니아인들의 불만은 최고조에 달했다. 하지만 혁명 이후 루마니아인들이 하는 말을 들어보면 차우셰스쿠의 집권초기부터 80년대 초까지는 생활하는데 큰 불편이 없었다고 한다. 결국 80년대 중·후반으로 접어들면서 계속되는 루마니아 경제정책의 실패가 혁명의 큰 단초(端初)로 작용했음을 알 수 있다.

루마니아 독재체제는 북한을 모델로 삼긴 했지만 '북한의 아류'에 불과했던 것으로 생각된다. 또한 우상숭배를 포함한 북한식의 족벌독재체제가 루마니아에서 뿌리를 내리기에는 한계가 있었던 것으로 보인다.

차우셰스쿠 집권시절, 종교를 포함한 개인의 자유는 상당부분 인정되었으며 비록 검열제가 실시되고 있었지만 루마니아 작가들은 차우셰스쿠 독재체제를 우회로 비판하는 작품들을 출판하기도 했다. 혁명 이후 루마니아 사람들의 이야기를 들어보면, 차우셰스쿠 시절 관제집회에 동원된 루마니아 국민들이 집회가 끝날 즈음 공산당으로부터 받은 선전용 피켓을 내동댕이치기도 했다고 한다. 결국 루마니아와 북한의 독재체제를 살펴보면 큰 틀에서는 비슷하지만 분명 정도의 차이는 있어 보인다.

현재 북한 주민들의 생활수준은 80년대 말의 루마니아인들보다 더 열악한 것으로 생각된다. 하지만 북한식의 철저한 억압과 통제로 인해 이들의 불만의 목소리는 내재(內在)된 채 밖으로 크게 전달되지 않고 있다. 북한의 경제는 지금 파탄직전에 있다. 따라서 앞으로도 계속 북한 주민들이 극도의 굶주림과 추위로 고통 받는다면 향후 어떤 일이 벌어질지는 아무도 모르는 일이다.

올해 들어 연이은 북한의 도발을 보면서 필자는 지금의 북한 독재체제가 9부 능선을 넘어 극으로 치닫고 있다는 느낌이다. 물극필반(物極必反) 즉 사물의 전개가 극에 달하면 반드시 반전하는 우주만물의 섭리처럼 언젠가는 북한 주민들도 루마니아인들처럼 자신의 목소리를 크게 낼 날이 있으리라 생각된다.

Berkeley Column

덩치 큰 **중국**, 속 좁은 **중공**

2010년 12월, 전 세계 167개국을 대상으로 '민주주의 지수(Democracy index 2010)'가 발표되었다. 일본을 제치고 아시아에서 1위를 차지한 한국은 20위, 중국은 136위 그리고 북한은 167위 꼴찌였다.

북한의 연이은 도발로 인해 요즘 한반도는 6.25전쟁 이후 최고의 긴장상태에 있다. 북한과 중국의 공통점은 민주주의가 아닌 공산주의 국가라는 사실이다. 그래서인지 민주화 지수는 바닥이다. 천안함 사건과 연평도 도발의 주범인 167위 북한과 그를 여지없이 감싸고도는 136위 중국은 앞으로 대한민국의 외교와 안보에 최대 위협이자 걸림돌이라는 사실이 최근 극명하게 드러나고 있다.

2010년 한국의 대학교수들이 선정한 올해의 한자성어는 '장두노미(藏頭露尾)'였다. 이 말은 타조가 위협에 쫓길 때 꼬리를 미처 숨기지 못한 채 덤불 속에 머리를 처박은 모습을 표현한 것으로, 진실을 숨기려 하지만 만천하에 드러난다는 의미이다. 이 말이 선정된 것은 한미 FTA 협상, 예산안 날치기처리 등과 같은 사건이 있을 때마다 정부가 진실을 감추기에 급급했기 때문이라고 한다. 하지만 필자는 장두노미라는 말에서 중국이라는 국가가 연상된다.

그간 짝퉁천국이란 불명예를 갖고 있던 중국의 국가 이미지는 그리 좋은 편이 아니었다. 그럼에도 불구하고 최근 중국의 국가적 위상은 놀랄 정도로 높아졌다. 특히 경제적인 측면에서, 중국은 미국을 대신해 세계경제의 성장엔진으로 인식되기 시작했고 특히 2010년에는 일본을 제치고 세계 제2의 경제대국이 되었다. 뿐만 아니라 최근 들어서는 중국경제의 미국 추월가능성이 기정사실로 받아들여지면서 그 시기에 관심이 모아지고 있다. 상황이 이쯤 되다보니 세계인들은 중국의 부상에 경외감을 가지기 시작했다.

하지만 최근 중국의 '정치적 색깔'은 그만, 덤불 속에 머리를 숨기고 있는 타조처럼 만천하에 그대로 드러나고 말았다. 즉 북한의 도발까지도 감싸고도는 또 하나의 공산국가임이 확인되면서 중국의 국가 이미지는 급격히 실추되고 있다. 특히 타국을 위협하는 중국의 '힘의 외교'로 인해 세계의 친구들이 등을 돌리고 있다. 따라서 중국은 경제협력이라는 '돈의 외교'를 통해 잃어버린 친구의 환심을 사려하고 있다. 대표적인 예가 프랑스이다. 2008년 중국 정부는 사르코지 대통령이 EU의장국 의장신분으로 달라이라마(Dalai-Lama)를 만나자 항의차원에서 프랑스산 항공기 에어버스 150여대 구매협상을 전격 연기하는 한편 양국 간 고위층 접촉을 완전히 차단해 버렸다. 결국 프랑스는 중국의 힘의 외교에 눌려 이듬해 티베트가 중국 영토임을 인정하고 말았다. 그러자 이에 만족한 중국은 지난 2010년 G20서울정상회의를 앞두고 프랑스와 200억불 상당의 경제협력을 체결하면서 에어버스 항공기 102대를 다시 구입하기로 했다.

노벨상의 권위도 중국의 안중에는 없다. 중국의 반체제인사 류샤오보(劉曉波, Liu Xiaobo)의 노벨평화상 수상을 방해하던 중국은 아예 노르웨이 주재 중국대사관을 통해 각국 사절에게 시상식 불참을 종용하며 압박했다. 대신 공자평화상을 급조해 노벨상시상식 하루 전에 롄잔(連戰) 전 대만 부총통을 초대 수상자로 선정했다. 이에 노벨위원회는 공자평화상과의 경쟁을 환영한다고 밝혔지만 정작 대만 언론은 그 상을 짝퉁평화상이라고 조롱했다.

2010년 12월 유엔안보리에서도 중국은 러시아를 포함한 14개 이사국이 북한규탄을 찬성했지만 유독 혼자만이 결사반대했다. 이뿐만이 아니다. 같은 해 12월 한국군이 연평도에서 군사훈련을 시작하자 세계 언론은 일촉즉발의 한반도 긴장상태를 집중 보도했는데, 당시 구글에 실린 한국 관련기사는 2시간 만에 1,000개가 늘어나 무려 4,200여개에 달했다고 한다. 이는 세계인들이 한반도 상황에 얼마나 많은 관심을 가

천안문 광장

지고 있었는지를 반증하는 것이었다. 이렇듯 세계의 눈과 귀가 한반도에 쏠리면서 자연스럽게 중국의 무례와 억지가 북한에 비해 전혀 덜하지 않음이 속속 드러났다.

최근 들어 중국의 한 유력신문은 아예 '그동안 좋은 말로 한국을 타일러왔는데 멋대로 행동하면 [...] 한국을 손봐주겠다'라는 식의 막말까지 내뱉고 있다. 요즘 중국과 북한을 보면 적반하장, 무소불위, 막가파라는 수식어가 딱 어울린다. 북한은 본래 생겨 먹은 게 그렇다 치더라도 중국은 G2라는 사실이 무색할 정도로 덩치가 아깝다는 생각이 든다.

타조는 지구상에 살고 있는 조류 중 덩치는 제일 크지만 태생적으로 날지 못하는 운명을 가지고 있다. 그래서 사자나 치타의 먹잇감이 되는 불쌍한 새이다. 최근 한반도 주위에서, 덤불속에 머리를 처박은 채 숨어 있는 타조의 어정쩡한 모습에서 미래 중국의 한계를 본다.

Berkeley Column

미국의 고속도로

박범신의 장편소설 '나마스테'의 내용 중에는 "아버지는 [...] 흑인도 백인도 무섭고 특히 거대 미국이 무서워 한시도 여기 있을 수 없다고 했다"라는 구절이 있다.

미국을 영어로 표현할 때 '거대한' 혹은 '위대한' 이라는 형용사를 붙여 'The Great U.S.A.'라고 말할 수 있을 것이다. 이 소설에서도 '거대 미국' 이라는 표현이 나온다. 그렇다면 '거대한 미국'이란 말에서 사람들은 과연 무엇을 연상할까? 대부분의 사람들은 세계 제1의 경제력과 기술력 그리고 군사력 등을 언급할 것이고 또 로키(Rocky) 산맥이나 요세미티(Yosemite) 국립공원, 그랜드 캐년(Grand Canyon) 국립공원 등과 같은 자연의 웅장함을 연상하기도 할 것이다.

필자의 경우, 가장 먼저 떠오르는 것은 미국의 고속도로다. 프리웨이(freeway)라고 하는 미국의 고속도로는 거대하고 웅장하다 못해 위압적이기까지 하다.

세계 최초로 고속도로를 만든 나라는 독일이다. 1932년 히틀러는 본

미국의 고속도로 [출처: 구글]

(Bonn)과 쾰른(Köln)사이를 잇는 고속도로를 개통하는데, 이것이 독일 최초의 아우토반(Autobahn)이다. 당시 독일은 일반 도로의 한 가운데에다 중앙분리대를 두는 새로운 개념의 고속도로를 도입하였다. 또한 세계 자동차의 역사도 1885년 독일의 카를 벤츠(Karl F. Benz)가 가솔린 기관을 발명함으로써 시작되었다고 볼 수 있다. 우리가 알고 있는 메르세데스-벤츠(Mercedes-Benz)라는 자동차 이름도, 1926년 당시 독일의 대표적인 자동차 회사인 다임러(Daimler)사와 벤츠사가 합병하면서 시작되었다.

독일의 아우토반 하면 '속도 무제한'이라는 말이 제일 먼저 떠오른다. 하지만 아우토반에도 속도제한 구간이 있어 차량 통행이 많은 지역이나

커브 길 등 위험한 곳에서는 속도규제가 아주 철저하다. 또한 속도 무제한 구간이라 해도 독일인들은 그렇게 빨리 자동차를 몰지 않는다. 물론 시속 200km(약 125mile) 이상을 달리는 사람도 있지만 이들 대부분은 스피드를 즐기는 독일 젊은이나 외국인들이다.

미국의 고속도로 [출처: 구글]

필자도 아우토반을 달린 적이 있다. 한참을 달리면서 아우토반의 빠른 속도에 적응한 후 1차선으로 들어가 보았다. 그렇게 얼마를 달리다가 얼핏 사이드미러(side mirror)를 보았는데, 미러 한 가운데 조그만 검은 점 하나가 생기는가 싶더니 얼마 되지 않아 필자의 자동차 뒤에 포르쉐(Porsche)가 바짝 붙어 있었다. 족히 시속 250km 이상으로 달려온 것 같았다. 엄청난 속력으로 달려오다 보니 사이드미러에 보였던 작은 점이 순식간에 자동차로 변해 뒤에서 왼쪽 깜빡이를 켠 채 따라오고 있었다.

독일 사람들의 운전매너는 좋은 편에 속한다. 아우토반에서 추월하고 싶을 때 그들은 상향 전조등을 켜거나 경적을 울리는 대신 왼쪽 깜빡이를 켠다. 뒤에서 빠른 속력으로 따라 오는 차가 있으면 대개 앞차가 미리 알아서 비켜주지만, 그렇지 않은 경우 왼쪽 깜빡이를 켜서 앞차에게 비켜달라는 신호를 보낸다. 물론 개중에는 경적을 울리거나 상향 전조등을 켜는 사람도 있지만 이들 대부분은 외국인이다.

필자는 독일 프랑크푸르트를 시작으로 북부로는 함부르크까지 그리고 남부로는 뮌헨까지 아우토반을 달려 보았다. 독일의 아우토반은 북부보다는 남부 특히 프랑크푸르트에서 뮌헨사이가 도로 사정이 좋고 폭도 넓어 인간의 무한 질주 본능을 자극한다.

하지만 이곳 또한 LA와 샌디에고(San Diego) 사이를 잇는 고속도로에 비해 그렇게 거대하다는 느낌을 받지 못했다. 필자가 거주하고 있는 캘리포니아의 베이지역(Bay Area)만해도 주변에 몇 개의 거대한 고속도로가 지나간다. 미국에서 여행을 하면서 왕복 14차선 고속도로에서 밖으로 나갈 때에는 잠깐 안도의 한숨을 쉬곤 하는데, 대개는 그러기가 무섭게 또 다른 거대한 고속도로가 떡하니 버티고 서서 기다리고 있다.

고속도로는 그렇다 치더라도, 이곳 캘리포니아에는 대략 200~300 가구 정도 되는 한적한 마을에도 웬만한 고속도로 수준의 왕복 4차선 도로를 쉽게 볼 수 있다. 그래서 요즘 왕복 2차선 도로에서 운전 할 때면 정겹기까지 하다.

LA 시내에는 아예 몇 개의 거대한 고속도로가 도심을 관통하고 있다. LA 도심을 가로질러 동쪽으로 여행을 하다보면, 60번 고속도로 옆에 독도와 동해를 홍보하는 2개의 '거대한 광고판'이 눈에 띈다. 각각 '독도는 한국 땅', '동해라고 불러요'라는 영어 문구 "Dokdo Island Belongs to KOREA", "It is called the East Sea"가 적혀있다.

Berkeley Column

15초 팝콘타임

2010년 9월, 버락 오바마(Barack H. Obama) 대통령은 "한국은 미래의 창출을 위해 전력을 다해 싸우고 있는 본받아야 할 나라"라고 강조하면서 기회가 있을 때마다 '한국의 높은 교육열'에 대한 찬사를 아끼지 않았다. 이에반해 미국의 미래학자 앨빈 토플러(Alvin Toffler)는, 한국은 "산업화 시대에 맞는 규격화된 교육을 고집하고 있는데, 미래에는 지식기반 사회에 맞는 교육제도로 먼저 개혁하는 국가가 강대국이 될 수 있다"고 언급하였다. 즉 토플러의 말은 기존의 한국 교육시스템을 창의적(創意的)인 인재를 양성하는 방향으로 빨리 바꿔야 한다는 뜻이다.

오바마의 말도 맞고 토플러의 말도 맞지만, 대한민국 교육의 현주소를 감안할 때 창의적 인재양성이라는 토플러의 주장에 이견을 제시하는 사람은 없을 것이다.

미국의 초등학교 학생들은 학교 가는 것을 즐겁게 생각한다. 학교생활이 재미있기 때문이다. 미국의 교육은 무엇보다 학생들이 '흥미(興味)'를 가질 수 있도록 하는데 초점을 두고 있는 듯하다.

작년 여름, 미국의 한 교육단체가 실시하는 여름 캠프에 가볼 기회가 있었다. 그런데 아침 9시가 되자 교사들이 음악을 틀어놓고 춤을 추면서 캠프에 도착하는 초등학교 학생들을 반기는 것이었다.

필자와 세대를 같이 하는 한국인들은, 공부라는 것은 그냥 '열심히 그리고 최선을 다해야 하는 것'으로 배워왔고 또 그렇게 알고 있다. 그래서 진인사대천명(盡人事待天命)이라는 말에 익숙하다. 그런데 2002년 한국의 축구국가대표팀이 월드컵 4강 신화를 이룩하자 한국사회에도 조그마한 변화의 움직임이 있었다. 즉, 당시 한국인들은 거스 히딩크(Guus Hiddink) 감독의 리더십을 배우기 시작하면서 '모든 일에 최선을 다해야 한다'는 말에서 좀 더 자유로워질 수 있었다. 히딩크 감독에 따르면, 매사에 최선을 다하고 집중하는 한국의 국가대표선수들은 골대 앞에서 공만 잡으면 긴장하여 온 몸에 힘이 들어간다는 것이었다. 그래서 경기를 즐기라고 주문했다고 한다. 그 이후 한국사회에서는 '최선을 다하는' 사람은 '좋아서' 하는 사람에게 또 좋아서 하는 사람은 '즐기면서' 하는 사람에게 못 당한다는 말이 유행했다.

캘리포니아 주 알바니(Albany)시에는 오션 뷰(Ocean View) 초등학교가 있다. 그곳에 재직하고 있는 베스 던(Beth Dunn) 선생님은 2학년 5반 담임을 맡고 있다. 바닥에 옹기종기 모여 앉아 던 선생님의 수업을 받고 있는 아이들을 보면 마치 어린 시절 할아버지, 할머니에게서 재미있는 옛날이야기를 듣고 있는 그런 모습이다. 그런데 이 교실에는 책걸상도 있지만 이따금씩 일반 의자 대신에 공 의자를 사용하기도 한다. 공 밑 부분에는 네모난 것이 4개가 붙어 있어 공이 구르지 않게 만들어져 있다. 던 선생님은 어린 학생들이 수업에 흥미를 잃어갈 때쯤이면 책걸상을 교실 한 쪽 구석으로 밀쳐두고 아이들이 공위에 앉아서 수업을 듣도록 한다. 한편으로는 좋은 교수법이란 생각도 들었지만 어떻게 아이들을 통제할 수 있을까하는 의구심도 들었다. 그래서 며칠 전 선생님을 찾아가 보았다.

던 선생님은 공을 의자로 사용하면 무엇보다 저학년 어린 학생들에게 바른 자세를 유도할 수 있어 좋다고 한다. 또한 아이들의 좌우 뇌의 발달에 도움이 되는 것은 물론 집중력을 향상시킬 수 있다고 한다. 특히 일반 아이들은 물론 과잉행동장애나 학습장애가 있는 아이에게 효과적이라고 한다. 일반 의자에 앉아있을 경우 아이들은 책상에 엎드리는 등 우리가 생각하는 것 보다 더 많이 움직이기 때문에 수업 분위기를 바꾸는 차원에서 가끔씩 공 의자를 사용하는 것이다. 필자는 "아이들이 공 의자를 더 좋아하느냐?"고 물어봤는데 한마디로 "앱소루블리(Absolutly)!"였다. 아이들에게 인기최고라는 것이다. 공을 가지고 놀이삼아 점프를 하기도 하고 또 장난이 심한 아이는 연필로 공 의자를 터트리기도 해 아예 예비 공 의자를 몇 개 더 준비해 두었다고 한다.

일반 의자에서 공 의자로 바꿀 때 선생님은 반 아이들이 마음껏 점프할 수 있도록 "15초 팝콘타임(popcorn time)"을 준다. 실컷 뛰게 한 뒤 수업을 다시 시작하려는 것이다. 그런데 막상 팝콘타임을 주어도 아이들은 금방 수업분위기로 돌아온다고 한다. 잠깐 동안 분위기를 쇄신함으로써 어린 학생들이 다시 수업에 흥미를 가질 수 있게 하는 것이다. 공 의자를 언제까지 사용할 것이냐는 질문에 선생님은 매년 사용할 거라고 한다.

가장 **미국**적인 것, **한국**적인 것 그리고 **루마니아**적인 것!

'가장 미국적인 것이 뭘까?'라고 물어보면 대답하기가 그리 쉽지 않을 것이다. 자유민주주의, 청교도 정신, 미식축구, 맥도날드, 코카콜라, 자유의 여신상 등 여러 가지가 떠오를 것이다. 실제로 대답이 그리 간단치 않다. 그렇다면 가장 한국적인 것이 무엇이냐고 물어본다면… 김치, 불고기, 훈민정음, 한의 문화 등. 우리나라 민속학자들은 가장 한국적인 것을 무당, 굿 등과 관련된 한국의 무속신앙(巫俗信仰)이라고 말한다.

같은 맥락에서, 가장 루마니아적인 것은 뭘까? 라고 물어본다면… 어떤 사람은 드라큘라(Dracula)라고 말하겠지만 필자의 경우 '루마니아 장례식'이 떠오른다. 루마니아의 전통 장례식은 오늘날에 이르기까지 그리 많이 변형되지 않았을 뿐더러 다른 국가와는 사뭇 다른 루마니아적인 요소가 많이 내포되어 있어 루마니아 문화양식(文化樣式) 중 가장 루마니아적인 것으로 생각된다.

장례식과 관련한 루마니아 풍습은 그 종류도 다양하다. 일반적으로 장례식은 죽은 사람을 저 세상으로 편안하게 보내는데 그 목적이 있다. 다른 나라와 비교해 볼 때, 루마니아 장례식은 살아있는 사람과 죽은 사람 사이의 관계가 좀 더 밀접하게 연결되어 있지 않나하는 생각이 든다. 단순히 고인을 저세상으로 보내는 의식이라기보다는 루마니아인들에게 있어 삶의 한 부분인 것이다.

전 세계에서 유일하게 루마니아에만 있는 '즐거운 공동묘지(Merry Cemetery)'나 밤에 고인을 지키는 '경야풍습(經夜: wake)' 그리고 고인(시체)에게 '마지막 키스'하는 장면 등은 루마니아만의 독특한 장례풍습이다.

루마니아인들은 그들만의 독특한 장례문화를 통해 죽음을 두려워하거나 아주 충격적인 것으로 받아들이지 않는다. 인간이 죽음을 두려워하는 이유는, 저 세상으로 가버리면 그동안 살면서 정들었던 모든 것과 모든 사람들을 더 이상 못 보기 때문에 마지막이기 때문에 이제는 끝이기 때문에 두려워한다고 한다. 하지만 루마니아인들은 죽어 저 세상에 가더라도 가족과 친척 그리고 친구들이 항상 그들을 잊지 않고 있다고 생각하기 때문에, 비록 하늘나라로 가더라도 덜 외롭게 느끼는 것 같다. 실제로 죽음과 관련한 루마니아인들의 태도는 생각보다 의연하다.

루마니아 장례식 때 반드시 있어야 하는 것은 바로 '촛불'이다. 저 세상으로 가는 어두운 길을 환하게 밝혀주는 빛이 없으면 천국으로 갈 수 없다고 생각하기 때문이다. 그래서 시골에서 혼자 사는 나이 많은 독거노인들은 밤중에도 불을 켜둔 채 잠을 잔다고 한다. 혹시라도 잠자는 도중에 죽게 될 경우를 대비해 불을 켜 두는 것이다.

흥미로운 것은, 부카레스트 시내에서 장례행렬이 지나갈 경우 택시를 비롯한 일반 자동차들이 전조등을 켜서 길을 비쳐주는 것을 쉽게 볼 수 있다. 전혀 알지도 못하는 사람이지만 저 세상으로 가는 길에 빛을 환하게 비쳐주며 작별인사를 한다.

죽음과 관련해 루마니아인들의 의식 속에 자리 잡고 있는 가장 중요한 요소 중 하나는 '어떻게 죽었느냐!'하는 것이다.

일반적으로 루마니아인들은 죽기 전에 신부님을 불러 지은 죄를 고해하고 또 하느님께 용서를 구한다. 그런데 만약 불의의 사고로 인해 갑자기 죽었을 경우에는 촛불을 켜두지도 않았을 뿐더러 그동안 지은 죄를 고해하지도 않았기 때문에 문제가 된다. 왜냐하면 죽은 사람의 영혼이 나쁜 영혼으로 변하기 때문이다. 실제로 루마니아 사람들은 죽은 사람의 영혼이 나쁜 영혼으로 변할 경우 마치 한국의 귀신처럼 하늘로 승천하지 못한 채 영원히 구천을 헤맨다고 믿고 있다. 그래서 신부님은 장례 의식을 치를 때 고인의 영혼이 천국으로 갈 수 있도록 반드시 이런 사실을 언급해야만 한다.

문제가 가장 심각한 것은 자살한 경우인데, 루마니아인들은 백발백중 그 사람의 영혼이 악마에게 간다고 믿고 있다. 이런 경우 루마니아 신부님은 고인을 매장하는 장례식에는 참석해 기도 정도는 해주지만 종교적인 장례 의식을 거행하는 것은 꺼린다고 한다.

고대부터 루마니아인들의 의식 속에는 '사람이 죽고 나면 자연(自然)의 한 부분이 된다'는 믿음이 존재하고 있다. 흥미로운 것은, 고대부터 루마니아인들이 죽음을 장례식과 연관 지어 생각하는 것이 아니라 혼인식으로 생각하고 있다는 사실이다. 즉 죽음을 〈모든 우주(宇宙)와의 혼인식〉으로 생각하고 있다. 이러한 내용은 '어린 양'을 의미하는, 루마니아의 "미오리짜(Miorița) 신화"에 잘 묘사되어 있다.

Berkeley Column

미오리짜 신화

우리나라 아리랑처럼, 루마니아에서 가장 널리 퍼져있는 민요는 "미오리짜(Miorita)"이다. 이 민요는 카르파티아산맥(Carpathian Mts.)을 중심으로 이루어지는 목동들의 전원생활과 깊은 연관이 있다. 루마니아의 소설가 사도베아누(M. Sadoveanu)는 자연과 관련된 루마니아 문학작품 중 "이토록 예술적이면서 고상한 심성을 가득 담아낸 작품은 아직까지 루마니아 문학에서 찾아볼 수 없다"라고 언급하였다. 이처럼 루마니아 문학의 최고 서정시로 간주되는 미오리짜는 결국 루마니아 신화(神話)가 되었다.

'미오리짜'라는 말은 루마니아어로 1~2년 된 '어린 양'을 의미한다. 고대부터 루마니아 목동들은 봄이 되면 양떼들을 몰고 카르파티아산맥의 고산지대 목초지로 올라갔다가 서리가 내리는 늦가을이 되면 다뉴브 강 저습지나 강가로 내려오는데, 미오리짜는 루마니아 민족이 고대부터 행해온 전원생활, 즉 카르파티아산맥의 양치기들에 관한 이야기이다.

내용을 살펴보면, 루마니아의 몰도바(Moldova) 지방과 트란실바니아

(Transilvania) 지방 그리고 브란체아(Vrancea) 지방 출신의 목동들이 산에서 양떼들을 몰고 내려오는데, 트란실바니아 지방과 브란체아 지방 출신의 두 목동이 몰도바 지방의 목동을 살해하여 그가 소유하고 있는 양떼들과 말 그리고 개를 빼앗으려고 음모한다. 그런데 몰도바 목동이 데리고 다니던 어린 양은 우연히 두 목동이 음모하는 것을 듣게 된다. 그 후 어린 양은 삼일동안 입을 다문 채 풀을 뜯어 먹지도 않는다. 걱정스런 마음에 몰도바 목동은 어린 양에게 다가가 이유를 물어본다. 그러자 어린 양은 두 목동이 꾸민 음모를 이야기하면서 양떼들을 몰아 강가 어두운 숲으로 피하고 목동을 잘 따르는 가장 용맹하고 충성스런 개를 곁에 두라고 조언한다. 하지만 목동은 어린 양의 말을 듣고 난 후 죽음을 피하기는커녕 오히려 그것을 그대로 받아들인다.

목동은 자신에게 죽음이 가까이 다가왔음을 알았을 때, 죽음을 '자연과의 영원한 합일(合一)'로 생각한다. 목동은 어린 양에게 자신이 살아왔고 일해 왔던 곳, 즉 "너희 양떼들이 있는 가까운 곳"에 자신을 묻어 달라고 유언하면서 죽음을 그대로 받아들인다.

도로를 건너가는 어린양

흥미롭게도 이 신화에서 '죽음'은 우주(宇宙)의 공간 속에서 거행되는 하나의 〈혼인식(婚姻式)〉처럼 묘사되어 있다. 이 작품에서 목동은 자신의 신부를 '사랑스런 공주님, 바로 이 세상'이라고 말한다. 또한 '전나무와 플라타너스 나무'는 혼인식 하객들이 되고 '산맥'은 신부님이 되고 '태양과 달'은 목동의 대부와 대모이며 '새들'은 혼인식 연주가들이며 '하늘의 별들'은 혼인식을 밝혀주는 촛불을 상징한다.

"죽음에 대한 것일랑은
다른 양들에게 말하지 말아라.
분명하게 말해 주어라
난 결혼을 한 것이라고
내 신부는 사랑스런 공주님
바로 이 세상이라고
내 결혼식에
빛나는 별이 하나 떨어졌다고
햇님과 달님은
손수 내 결혼 화관을 받쳐 주셨다고
전나무와 플라타너스 나무들은
내 하객이 되어 주었다고
큰 산맥은 신부님이 되어주셨고
새들은 결혼식 교향악단이 되어주었다고
수천마리의 새들이 함께했고
수많은 별님들이 우릴 밝혀주셨다고!"

목동이 묘사하고 있는 혼인식은 일반 혼인식과는 달리 사뭇 슬프지만 장엄한 분위기 속에서 목동의 의연함도 함께 묘사되어 있다. 세상과 작별하며 자연과 혼인하는 즉 우주와 합일하는 이 작품의 슬픈 분위기는 특히 눈물을 흘리면서 목동을 찾아 헤매는 목동의 늙은 어머니의 모습에서 더욱 더 증폭된다.

"보게 된다면,
만나게 된다면
양털로 만든 외투를 걸치신
늙으신 우리 어머님을
두 눈에는 눈물 고이시고
온 들녘을 헤매시며
만나는 모든 사람에게 물어보시며
이렇게 말하실 어머님을.
누구 아시는 분 없으세요?
내 아들을 본사람 없나요?
내 자랑스러운 목동 아들 말이에요.
바늘귀로 빠져나갈 듯
연약한 우리 아이를 말이에요.
앳된 얼굴은
우유 거품처럼 희고요
이제 막 자라나는 수염은
밀 이삭 같고요
부드러운 머리카락은

까마귀 깃털처럼 검고요
앙증맞은 두 눈은
들판에 피는 머루 같지요."

어린 양은 목동의 어머니에게 자신의 주인님이 공주와 혼인했다고 말해야 했지만 혼인식 때 죽음을 상징하는 별 하나가 떨어졌기 때문에 그렇게 말하지 못한다. 미오리짜에서 나타나는 죽음은 더 이상 두렵고 슬픈 것이 아니라, 이 단계에서 저 단계로 지나가는 자연스러운 것이다.

미오리짜는, 작품 속에 묘사되어 있는 죽음과 관련된 비극적인 면 때문에 낙천주의 경향(optimism)의 작품이라 규정할 수 없지만 그렇다고 해서 염세주의적인 경향(pessimism)은 더 더욱 아니다. 또한 사후의 혼인은 불행한 사건을 우주적인 혼인식으로 변형시키면서 신화적인 의식을 표현하는 웅장함까지 내포하고 있다. 따라서 목동의 행동은 전혀 허무주의(nihilism)적이지 않다. 목동은 죽음을 그대로 받아들이면서 〈다른 차원에서의 새로운 개념(槪念)〉을 제시하고 있는 것이다.

카르파치 산맥에서 방목되는 양떼들

즐거운 **공동묘지**

Berkeley Column

루마니아의 북부지역에 위치하고 있는 마라무레쉬(Maramureş) 지방의 서픈짜(Săpânța) 마을에는 세계에서 유일한 '즐거운 공동묘지(Cimitirul Vesel)'라는 곳이 있다. 이곳의 역사는 1935년 루마니아 민속 예술가 스탄 퍼트라쉬(Stan I. Pătras)가 참나무로 십자가를 만든 후 거기에다 고인(故人)과 관련하여 짧은 내용의 해학적인 시구(詩句)를 비문으로 조각하면서부터이다. 조각가이면서 화가 그리고 시인이었던 퍼트라쉬는 그동안 자신만의 독특한 스타일로 수백 개의 십자가를 만들었고, 1977년 그가 사망한 이후에는 제자 두미트루 틴쿠(Dumitru P. Tincu)가 전통을 이어가고 있다.

지금까지 즐거운 공동묘지에 대해서는 우리나라 방송국은 물론 독일 RTL을 비롯한 유럽의 여러 방송사들이 수차례 방영하였으며 지난 2010년에는 미국의 한 TV채널에서도 방영되었다.

이곳이 세계적으로 유명하게 된 것은 공동묘지라는 엄숙하고 진지한 분위기에 어울리지 않게 일단 이곳에 들어가면 많은 사람들이 웃고 나오기 때문이다. 즐거운 공동묘지는 루마니아인들의 선조인 고대 다치아(Dacia)인들의 믿음과 깊은 연관이 있다. 흥미로운 것은, 다치아인들이 크리스트교가 현재의 루마니아에 전파되기 이전인 기원전부터 이미 영혼의 불멸(不滅)을 믿고 있었다는 사실이다. 그들은 죽음을 슬픈 것으로 생각하지 않고 단지 이 세상에서 저 세상으로 건너가는 자연스러운 것으로 생각했다. 실제로 다치아인들은 죽어서 저 세상으로 가면 당시 그들이 믿고 있었던 최고신인 자몰세(Zamolxe)신을 만날 수 있어 기뻐했다고 한다.

즐거운 공동묘지는 루마니아만의 독특한 장례문화 중 하나이다. 묘지 앞에는 나무로 만든 십자가가 세워져 있는데, 십자가에다 다양한 색깔(주로 푸른색)로 색칠을 한 것은 물론 죽은 사람의 일생과 관련한 다양한 문구가 적혀 있다. 슬픈 내용의 문구도 있지만 대부분은 해학적이어서 그곳을 방문한 사람들을 웃게 한다.

십자가에 적혀있는 몇 가지 내용을 소개하면 다음과 같다.

"지금 나는 여러분에게 작별인사를 전합니다. 왜냐하면 우리는 더 이상 볼 수 없기 때문입니다. 세상은 58세인 나를 버렸습니다."

"여기 무거운 십자가 밑에 나의 불쌍한 장모님이 누워계십니다. 장모님이 3일만 더 살아 계셨더라도 내가 여기에 누워있고 장모님이 (내 무덤의 비문을) 읽을 수 있을 텐데 말입니다. 여기에 오시는 여러분들! 우리 장모님이 깨어나지 않게 해주세요. 왜냐하면 만약 장모님이 (무덤에서 깨어나) 집으로 돌아오면 또 다시 내게 잔소리를 해댈게 뻔합니다. 그래서 저도, 더 이상 장모님이 돌아오지 않게 (조심스럽게) 행동할 것입니다. 여기에 사랑하는 나의 장모님이 쉬고 계십니다."

"여기에서 나는 편히 쉴 것입니다. 내 이름은 브라익 일레아너(Braic

즐거운 공동묘지

Ileanǎ)입니다. 야, 그리거(Grigǎ)야! 네가 비록 나를 죽였지만 너는 용서받을 수 있을 거야."

십자가를 만드는 사람은 죽은 사람의 일생을 듣고 난 후 고인의 일생과 관련한 재미있는 문구 즉 비문을 만들어 준다. 흥미로운 것은 아직 죽지 않았는데도 그곳에 가서 미리 십자가를 만드는 사람도 있다. 그들은 자신과 관련한 재미있는 문구가 적혀있는 십자가를 보고서는 아주 좋아하며 집으로 가져간다.

필자는 이곳에 세 번 가보았다. 갈 때마다 사람들이 십자가에 적혀있는 문구를 보며 웃는 모습을 여러 번 보았다. 두 번은 그냥 관광차 갔었고 세 번째는 자료를 수집하기 위해서였다. 때마침 그곳에서 장례식이 거행되고 있었고 루마니아 정교회 신부님도 만날 수 있었다. 이때다 싶어 신부님에게 그곳과 관련한 여러 가지를 물어보기로 작정을 했다. 하지만 대화도중 종교가 무엇이냐는 신부님의 조용한 목소리에 자료수집에 급급한 나머지 그만 무교(無教)라고 답한 것이 화근이었다. 신부님은 내 질문에 영양가 없이 어느 정도 대답해 주다가 내가 수첩에 열심히 적는 틈을 타 어디론가 사라져 버렸다. 그때는 신부님이 야속하기도 하고... 아쉬운 생각뿐이었다.

사실 루마니아 문화를 알면 그 신부님의 행동은 너무나 당연한 것이다. 우리나라에는 종교가 없는 사람도 꽤 있지만 루마니아에서는 아이가 태어나면 생후 3개월이 될 때 교회에서 세례를 받기 때문에 애당초 무교라는 것은 있을 수 없는 일이다. 따라서 루마니아에는 무교인 사람도 없을뿐더러 또 있다고 해도 그 사람은 절대로 천국으로 갈 수 없다는 믿음이 루마니아인들의 의식 속에 자리 잡고 있다.

신부님의 입장에서 보면, 죽어서 하늘나라로 올라가지 못한 채 불쌍하게 구천을 떠돌 미래의 불쌍한 영혼(?)과 대화하는 게 싫었던 모양이다.

경야(經夜)풍습

Berkeley Column

루마니아에는 우리나라처럼 밤에 죽은 사람을 지키는 '경야(經夜: wake)'라는 풍습이 있다. 이 풍습은 오늘날 루마니아의 거의 모든 지역에서 유지되고 있다.

예로부터 루마니아 사람들은 개나 고양이와 같은 동물이 시체가 놓여 있는 탁자 밑을 지나가지 못하도록 밤새도록 지켰는데, 이유인 즉 동물이 시체 밑을 지나가면 나쁜 영혼 즉 우리로 치면 나쁜 귀신으로 변한다고 믿었기 때문이다.

루마니아에서는 나쁜 영혼을 '스트리고이(strigoi)'라고 하는데, 루마니아인들은 만약 죽은 사람의 영혼이 스트리고이로 변할 경우 마치 우리나라 귀신처럼 하늘로 승천하지 못한 채 구천을 떠돈다고 믿고 있다.

루마니아인들은, 죽은 사람의 영혼이 하늘나라로 올라가기 이전에 몸에서 빠져나가 그동안 생활하면서 추억이 깃든 여러 곳을 돌아다니고 또 그러다가 목이 마를 경우 시신이 안치되어 있는 집 창문가로 돌아와 물을 마시고 난 후 다시 주위를 떠돈다고 믿고 있다. 그래서 경야 때에 루마니아인들은 깨끗한 물을 담은 용기를 창문가에 놓아둔다.

일반적으로 루마니아에서 경야풍습은 3일 동안 진행된다. 그런데 흥미롭게도 이 풍습은 마을 사람들이 집 안마당 한가운데 피워 둔 불 주위에서 먹고 마시고 카드놀이를 하는 것 뿐만 아니라 노래를 부르고 춤을 추는 등 일반적인 상가집 분위기와는 정반대로 아주 즐겁고 흥겨운 분위기에서 진행된다는 점이다. 마을 사람들이 집 안마당에 불을 피우는 이유는 고대부터 내려오는 주술적인 의미에서 불이 나쁜 죄악들을 정화(淨化)시킨다고 믿고 있기 때문이다.

루마니아에서 경야풍습이 잘 보존되어 거행되고 있는 대표적인 지역은 브란체아(Brancea) 지방의 네레즈(Nerej) 마을이다. 경야 때 루마니아 사람들은 가면놀이를 하기도 한다. 이 놀이에는 우스꽝스럽게 표현된 늙은이 모습의 가면이 주로 사용되지만 이 외에도 여자 모습이나 다양한 동물의 모습, 심지어 악마와 신부님 모습을 한 가면까지 등장한다.

가면을 쓴 사람들끼리는 물론이고 가면을 쓴 사람과 일반 사람들 사이에도 즉흥적인 대화가 오고간다. 대화의 내용은 서로를 조롱하거나 놀리기도 하고 또 간혹 외설적이고 부도덕한 유머뿐만 아니라 심지어 소름끼치는 섬뜩한 유머를 하는 경우도 있다.

불 주위에는 드럼과 플루트 그리고 코브저(cobză: 루마니아의 민속악기로 일종의 기타)의 연주에 맞춰 사람들이 '키페룰(chiperul)'이라는 루마니아 민속춤을 춘다. 춤은 처음에 천천히 진행되지만 시간이 지나면서 사람들의 고함소리와 함께 점점 더 빨라진다.

따라서 경야의 분위기는 처음에 슬프고 무거웠지만 시간이 지나면서 점점 더 밝아지고 시끄러운 분위기로 바뀐다. 때때로 경야의 분위기가 너무나 즐거운(?) 나머지 어떤 경우에는 고인(故人)의 가족들도 웃음을 참지 못하는 경우가 있다고 한다. 춤을 추는 사람들은 차례로 불 속을 뛰어 넘는데, 이때 주위 사람들은 불꽃과 함께 재와 불똥이 피어오르는 것을 보면서 고함을 지르며 즐거워한다. 뿐만 아니라 가끔씩 사람들이 고인에 대해서도 진한 농담을 하는데, 이러한 행위의 목적은 고인의 가족에게 용기를 주는 동시에 고인이 이 세상에서 저 세상으로 즐겁고 편안하게 건너가도록 하는데 있다.

경야에 참여한 마을 원로들도 다른 사람들과 함께 웃고 즐기면서 "이봐 젊은이들! 재미있게 놀아보게나, 죽음이라는 것은 이 세상이 시작되면서 존재하는 걸세!"하며 독려하기도 한다. 네레즈 마을의 주술적인 행위는 삶과 죽음을 대하는 루마니아 민족의 자연스럽고 의연한 태도와 깊은 연관이 있다.

루마니아 민속학자 이오안 마소프(Ioan Massoff)에 따르면, "루마니아인들이 장례식에서 춤을 추는 것은, 춤을 추는 사람들이 마지막 순간을 고인과 함께 하는 동시에 삶의 기쁨을 고인과 함께 느끼고자 하는 데 있다"고 주장하였다. 뿐만 아니라 그는 이와 같은 루마니아 장례풍습이 "그리스인들과 에트루리아(Etruria: 이탈리아 중서부에 있었던 고대국가)인들이 거행하는 장례식 놀이의 기초가 되었다"고 언급하고 있다.

루마니아의 경야 풍습은 일반 사람들의 시각에서 보면 다소 이상하게 보일지도 모르겠지만, 조금만 관점을 바꿔서 생각하면 아주 흥미롭고 매력적이다. 어쨌든 루마니아 장례풍습은 루마니아인들의 삶의 일부인 동시에 삶과 죽음에 대한 그들의 믿음이자 문화인 것이다.

Berkeley Column

마놀레 신화

고대 유럽인들은 사원이나 성곽 등 건축물을 세울 때 살아있는 사람을 희생시켰다. 건축물이 영속성을 지니기 위해서는 살아있는 사람의 영혼(靈魂)이 필요하다고 믿었던 것이다. 즉 고대 유럽인들은, 영혼이 떠나버린 그러한 죽은 사람이 아니라 살아있는 사람의 희생적인 죽음을 통해서만 살아있는 영혼이 건축물에 전달되어 영원한 생명력을 가질 수 있다고 믿었다. 여기서 희생적인 죽음은 일종의 전이(轉移) 즉 '영혼의 전이(transference of soul)'를 의미한다.

루마니아 4대 신화 중 가장 아름답고 이상화된 것 중 하나가 '명인(名人) 마놀레(Meşterul Manole)' 신화인데, 그 내용을 살펴보면 다음과 같다.

중세 루마니아에는 네그루 보더(Negru Vodă)라는 영주가 살고 있었다. 그는 건축공 마놀레에게 세상에서 가장 아름다운 수도원을 세우라 명하였다. 그래서 마놀레는 그를 따르는 다른 건축공들과 함께 아르제쉬(Argeş) 강 근처에 수도원을 짓기 시작하였다. 하지만 낮 동안 쌓아 올린 담벼락은 밤이 되면 무너지고 또 무너지는 것이었다. 그러던 어느 날, 낮잠을 자던 마놀레는 꿈을 꾸게 되는데, 살아있는 사람을 담벼락에 넣고 쌓아 올리면 훌륭한 수도원을 완성할 수 있다는 것이었다.

꿈 속 이야기를 다른 건축공들에게 들려준 마놀레는 다음날 아침 맨 먼저 음식을 가지고 오는 그들의 아내나 누이들 중 한 명을 희생시키자고 제안하였고 이에 모두가 동의하였다.

다음 날 아침, 누가 맨 먼저 그곳에 도착할지 궁금했던 마놀레는 주위의 높은 곳에 올라가 아래쪽을 내려다보았다. 그런데 자신이 가장 사랑하는 아내, 아나(Ana)가 올라오는 것이었다. 깜짝 놀란 마놀레는 아나가 올라오지 못하게 신에게 기도하기 시작했다.

"하느님! 저의 아내가 오지 못하게
커다란 나무가 뿌리째 뽑히는 강한 바람을 보내 주십시오!"

그러자 나무가 뿌리째 뽑히는 거센 바람이 불었다. 하지만 아나는 이에 아랑곳 않고 계속 올라오고 있었다. 그러자 마놀레는 다시 기도하기 시작하였다.

"하느님! 하느님! 저의 사랑하는 아내가 이곳으로 오지 못하게
커다란 홍수를 만들 수 있는 세찬 비를 내려 주십시오!"

이번에도 하늘에서는 엄청난 폭우가 쏟아졌다. 하지만 아나는 사랑하는 남편에게 따뜻한 아침 식사를 주기위해 온갖 어려움을 이겨내며 묵묵히 올라오는 것이었다.

결국 아나는 마놀레의 마음을 알지 못한 채 그곳에 도착했다. 마놀레는 어쩔 수 없이 아나를 벽으로 데려가 "내 사랑 아나! 지금부터 내가 하는 것은 우리가 재미있는 놀이를 하는 것이니 안심해요!"라고 말하고는 아나의 주위로 벽돌을 쌓아 올리기 시작했다. 남편을 믿고 따랐던 착한

아나는 차츰 자신의 몸 주위로 벽돌이 쌓이기 시작하자 마놀레에게 애원하기 시작했다.

"마놀레, 마놀레! 벽돌이 나를 조여와요!
마놀레, 마놀레! 벽돌이 내 온 몸을 조여와요!"

아나의 애원에도 불구하고 마놀레는 벽돌을 계속 쌓아 올렸다. 결국 마놀레는 자신이 가장 사랑하는 아내를 희생시킴으로서 세상에서 가장 아름다운 수도원을 완성할 수 있었다.

그 후 마놀레와 건축공들은 수도원 지붕 위로 올라가 영주를 맞이했다. 영주는 훌륭하게 건축된 수도원을 보고 만족해하며 혹시 이보다 더 아름다운 수도원을 만들 수 있는지 물어 보았다. 그러자 그들은 한껏 뽐을 내며 그들 모두가 힘을 합치면 이보다 더 아름답고 훌륭한 수도원을 얼마든지 만들 수 있다고 대답했다.

세상에서 가장 아름다운 수도원을 혼자만이 소유하길 원했던 영주는 건축공들이 지붕에서 내려오지 못하게 사다리를 치워버리라고 명하였다. 내려올 길이 막막했던 마놀레와 건축공들은 지붕 위의 나무판자를 날개 삼아 한명씩 아래로 뛰어 내리지만 모두 죽고 만다. 그런데 마놀레가 떨어진 곳

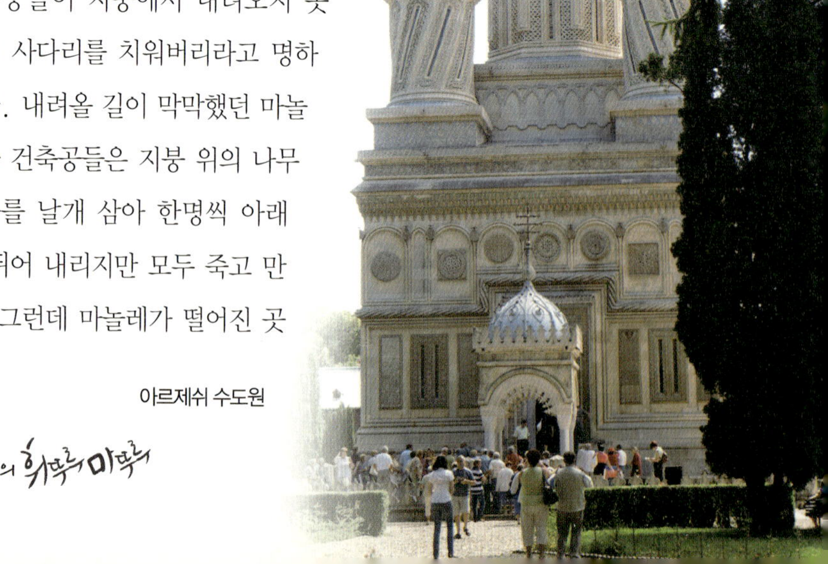

아르제쉬 수도원

에 샘물이 생겨났다. 오늘날 루마니아인들은 이것을 '마놀레의 샘'이라고 부르는데, 사랑하는 아내를 희생시켜 흘린 마놀레의 눈물이 샘물로 되었다는 것이다.

결국 아르제쉬 수도원은 마놀레의 아내인 아나의 살아있는 영혼이 수도원에 전이됨으로써 영원히 지속될 수 있었던 것이다.

마놀레 샘

오늘날 명인 마놀레 신화에서 제시된 희생은 〈희생을 통한 예술적 승화〉라는 의미로 재해석되기도 한다. 즉 훌륭한 예술작품을 창작하기 위해 예술가들이 치러야 하는 희생으로 보편화되어 해석되기도 한다. 쉽게 말해 일반사람들의 경우, 꿈이 크면 그만큼의 큰 희생을 감수해야 하고 많은 노력을 해야 한다는 의미이다. 물론 꿈이 작으면 조금만 노력하면서 대충 살아도 되고.

Berkeley Column

엄마 이야기

루마니아 역사도 우리나라처럼 선사시대(先史時代) 즉 구석기 시대부터 시작된다. 그래서 루마니아 구전문학은 세계 어느 나라보다도 풍부하다. 루마니아 민담(民譚) '엄마 이야기'는 우리 모두의 어머니 상을 잘 표현하고 있는데, 특히 사랑하는 자식을 찾아 헤매는 어머니의 모습이 잘 묘사되어 있다. 내용을 살펴보면 다음과 같다.

"옛날 옛날에 한 어머니가 예쁜 딸을 낳았습니다. 이름도 지어주고, 매일 아름다운 노래로 딸을 깨워주고 재워주며 애지중지했고, 너무나 귀여워 늘 쓰다듬어 주어도 아깝지 않을 정도로 딸을 사랑했답니다. 꽃들도 냇물도 바람도 그리고 새들까지도 가던 길을 멈추고 엄마의 노랫소리를 즐겨 들었답니다. 딸과 엄마는 마치 하늘 위 천국과도 같은 아주 행복한 곳에 살고 있었습니다.

그런데 죽음이라는 것은 젊음과 늙음, 부와 가난을 따지지 않는가봅니다. 어느 날 갑자기 '죽음'이 찾아와 죽은 딸의 영혼을 데리고 가버렸습니다. 엄마는 딸의 영혼을 돌려달라고 간절히 빌며 죽음의 뒤를 정처 없이 쫓아갔습니다. 길가는 도중 맨 먼저 '어둠'을 만났고 그에게 물었습니다.

"혹시 내 딸의 영혼을 데려 간 죽음을 못 보셨나요? 보셨다면 어디로 갔는지 말해주세요!", "보긴 봤지. 가르쳐 줄 수도 있지 하지만 그전에 딸에게 들려주었던 노래 소리를 내게도 들려주게. 어떤가 내 제안이?"

'어둠'이 만족해 길을 가르쳐 줄 때까지 엄마는 울면서 딸에게 불러줬던 아름다운 노래를 부르고 또 불렀습니다. 엄마는 어둠이 가르쳐준 길을 따라 계속 앞으로 나아갔고 그 때 눈앞에 '가시'가 나타났습니다. 엄마는 가시에게도 죽음이 지나가는 것을 보았는지 물었습니다.

"보았지! 그렇지만 내가 꽃을 피울 수 있게 너의 따뜻한 가슴으로 나를 꼭 안아준다면 어디로 갔는지 가르쳐 주지."

눈물을 흘리며 엄마는 가시나무가 꽃을 피울 때까지 따뜻한 가슴으로 가시를 꽉 껴안았습니다. 그랬더니 가시는 길을 가르쳐 주었습니다. 엄마는 또 다시 길을 재촉했습니다. 이번엔 눈앞에 아주 큰 '강물'이 앞을 막아섰습니다. 강물에게도 길을 물었습니다.

"좋아 내 요구를 들어주면 길을 가르쳐 주지. 그런데 당신의 눈은 내가 햇님 아래서 여태껏 보지 못했던 이 세상에서 가장 아름다운 눈이란 말이야. 그 눈 속에 있는 눈물을 내 강물 속으로 떨어트려 주면 가르쳐 주지! 어서 울어보게, 눈물을 흘려보게나!"

엄마는 큰 '강물'이 기뻐하며 길을 가르쳐 줄 때까지 계속 울었습니다. 그리고 다시 길을 재촉했습니다. 쉬지 않고 길을 재촉했지만 이번에는 아주 높고 이상한 언덕에 도착했습니다. 한참을 이리 저리 헤매다 목발을 짚고 있는 한 노파를 보았습니다. 노파에게도 길을 물었습니다.

"물론 기쁜 맘으로 가르쳐 주지, 헌데 당신의 머리카락은 부드럽고 윤이 나는구먼, 그걸 먼저 내게 주게나."

엄마는 머리카락을 모두 뽑아 노파에게 준 다음 목발을 얻어 다시 '죽음'의 뒤를 쫓아가기 시작했답니다. 마침내 한 노인이 지키고 서있는 천국의 문 앞까지 도착했습니다. 그런데 노인은 엄마의 하얀 치아를 요구하며 막아섰습니다. 그래서 이번에는 이빨을 모두 뽑아주고 난 후 안으로 들어갈 수 있었습니다. 문안에 들어가려고 할 때 노인은 엄마를 잠시 멈춰 세우며 말했습니다.

"여기서는 모든 영혼들이 꽃으로 환생하네. 어린 딸의 심장 고동 소리를 기억하고 있겠지? 조심스레 찾도록 하게, 절대 다른 꽃에는 손을 대는 일은 없도록 해주게나."

마침내 엄마는 온갖 열매를 맺는 나무들과 아름답게 노래하는 새들, 눈물처럼 청아한 냇물과 취할 정도로 진한 향기를 뿜어내는 꽃들이 있는 천국의 마당으로 들어섰습니다. 엄마는 꽃으로 변한 딸을 쉽게 발견하고는 손을 내밀어 왈칵 안으려 했습니다. 그때, 종소리를 실어오는 바람이 불어왔고 한 천사가 엄마 앞에 나타나 물었습니다.

"무엇을 하고 계신가요?", "저는 딸을 다시 데려 가려고 이곳까지 왔습니다." 엄마는 대답했습니다. "좋습니다. 그런데 그전에 당신께 삶의 운명이란 어떤 건지 보여드리죠. 이리 따라오세요."

천사는 엄마의 오른손을 살며시 잡고 앞으로 날아가며 하나씩 순서대로 인생에서 겪어야할 주어진 모든 고통을 다 보여주었습니다. 그것을 보고 엄마는 눈을 찡그렸습니다.

"이래도 원하신다면, 지금 곧 딸을 돌려 드리죠, 자! 이리로 오세요." 천사가 말했습니다. "아니에요. 이곳에 있는 게 행복할 것 같아요, 천국에 있는 것이 가장 행복한 것이라는 걸 이제 깨달았어요."

피곤함과 고통으로 너무 지쳐버린 엄마는 얼굴 가득 눈물 자국만 남긴 채 딸을 남겨두고 홀로 천천히 집으로 돌아왔습니다."

Berkeley Column

사랑해요 우리 압빠

"To the Greatest Father: 'My Best Friend'

당신은 해내셨어요! 당신은 어느 누구도 본적이 없고 누구나가 부러워하리만큼 가장 사랑스럽고 건강하고 또 최고로 행복한 그런 가정을 일구어 내셨어요. 당신은 다른 여러 사람들을 비롯해 특히 우리 가족에게 많은 영향을 준 아주 멋진 분이세요. 어른으로 성장해 가면서 나는, DANIEL H. PARK이 내 아빠라서 이기보다는 한 인간으로서의 당신을 더 많이 이해하고 있습니다. 나는 내 자신이 얼마나 당신을 존경하고 또 당신처럼 되기를 원하는지 깨닫고 있습니다. 당신을 정말 사랑합니다. 당신도 아실 거라 생각해요... 신이 내게 준 가장 위대한 선물은... 내 최고의 친구, 아빠입니다. '사랑해요 우리 압빠... 하나뿐인 유일한 아빠.' 아버지의 날에.

이 글은 미국에 살고 있는 한국인 2세 매튜(Mathew Park, 박민규)군이 아버지에게 보낸 짧은 내용의 편지이다. 영어로 된 전체 편지 내용

4살 때 골프를 시작한 매튜

골퍼 매튜 박

중 한국말로 '사랑해요 우리 압빠'라고 적혀 있는 부분이 시선을 끌어 나머지 내용도 궁금해 우리말로 번역해 보았다.

매튜 군을 처음 본 것은 알라메다(Alameda)에 있는 한 레스토랑에서 그의 부모님과 식사를 마치고 집으로 돌아가는 길에, 그가 부모님을 모시러 그곳에 들렀을 때였다. 한눈에 봐도 예의 바르고 가정교육이 잘된 아주 멋진 청년이란 생각이 들었다. 그리고 평소에 자기 관리를 잘하는지 소위 한국에서 말하는 몸짱이었다. 호기심에 필자는 알통이 밴 그의 팔 근육을 이리 저리 만져보았는데, 이것이 미국에서 실례가 되는 줄은 몰랐다. 그 일이 있은 후 매튜 군의 부모님을 만날 때마다 그에 대해 물어보곤 했다. 그렇게 시간이 흐른 후, 얼마 전 그의 집을 방문할 기회가 있었다. 집 안에 들어서자 모든 게 깔끔하게 정리되어 있었고 특히 책장에 놓여 있는 사진 하나가 눈에 띄었다. 어린 시절 매튜 군이 골프 황제 타이거 우즈(Tiger Woods)와 함께 찍은 사진이었다. 필자도 골프에 관심이 있던 터라 이것저것 물어 보았다.

네 살 때 골프를 시작한 매튜 군은 일곱 살 때 생애 첫 우승컵을 안았

골퍼 매튜 박

대학 졸업식 때 어머니와 함께

다. 그리고 열 살이 되던 해, 샌디에고에서 개최된 세계 주니어 골프 토너먼트(Junior World Golf Tournament)에서 150명 중 6위에 올랐는데, 당시 그는 17세의 타이거 우즈와도 그곳에서 연습을 같이 했다고 한다. 주니어 시절 그의 골프 실력은 하루가 다르게 성장했고 특히 13세가 되던 해에는 전 미국을 통틀어 주니어 랭킹 3위에 올랐다. 당시 미국언론도 전도유망한 매튜 군에 대하여 집중 조명하기 시작했다.

매튜 군이 멋진 청년으로 성장하기까지는 부모님의 지극한 정성이 있었던 것으로 생각되었다. 어린 시절 그가 골프에 재능을 보이자 아버지는 그동안 하던 일을 그만두고 직접 아들을 돌보기 시작했다. 학교 수업이 끝나면 매일 골프연습장에 데려 가는 등 아들이 미국에서 큰 꿈을 이룰 수 있게 모든 것을 뒷바라지했다. 아버지의 헌신 덕분에 그는 1년 동안 25~30개의 토너먼트에 참석할 수 있었고 특히 여름철 3개월 동안은 단 하루도 거르지 않고 골프에 전념할 수 있었다고 한다. 당시 그의 아버지는 아들과 함께 했던 소중한 시간과 관련하여 미국 언론과의 인터

뷰에서 "아들과 함께 하는 시간이 너무 행복해요. 아들이 나의 베스트 프렌드(best friend)예요"라고 언급하였다.

현재 매튜군 모습

현재 매튜 군은 자신의 또 다른 꿈을 이루기 위해 스포츠 심리학 박사과정에서 연구에 매진하고 있다. 그가 PGA 투어 프로 대신 학문의 길을 선택했을 때 어쩌면 그의 아버지의 마음 한 구석엔 아쉬움이 있었을 것이다. 그렇지만 지금은 아들이 미국에서 열심히 생활하며 어엿한 사회인으로 성장해가는 모습을 보며 무척 자랑스럽게 생각하고 있을 것이다.

최근 한국에서는 '가정 헌법 만들기' 운동이 확산되고 있다. 이 운동은 쉽게 말해 '21세기형 가훈(家訓)'을 만드는 것인데, 과거와는 달리 요즘은 가훈을 정할 때 자녀들의 요구 사항도 상당부분 수용되고 있다고 한다. 지난 2010년에는 '소통'이라는 단어가 가장 많이 사용되었고 다음으로 사랑, 화목, 건강 등이 뒤를 이었다.

필자는 요즘 한국 사회가 지향하고 있는 화목한 한국 가정의 모습을 매튜 군의 가족에서 본다. 미국에서 한국인 1세 아버지와 2세 아들이 가장 절친한 친구처럼 서로를 아끼며 살아가는 모습이 아름답다.

Berkeley Column

미국의 곰 이야기

지구상에서 곰만큼 우리 인간의 상상력을 자극하는 동시에 사랑을 많이 받는 동물도 없을 것이다. 북미베어센터(North American Bear Center)의 로저스(Lynn L. Rogers) 박사에 의하면, 곰에 대한 이야기는 고대 및 현대 문학, 민요, 전설, 신화, 어린이 소설 그리고 만화영화 등에서 자주 나타날 뿐만 아니라 일반적으로 곰은 어린 아이들이 태어나 성장하면서 가장 먼저 인식하는 최초의 동물 중 하나라고 언급하였다.

우리나라 단군신화에도 곰이 나타난다. 고조선의 시조인 단군의 어머니는 곰이 인간으로 변한 웅녀(熊女)이다. 곰을 숭배하는 중국의 어떤 종족은 수컷 곰을 '할아버지', 암컷 곰을 '어머니'라고 부르고 또 다른 종족은 곰을 '늙은이', '어르신'이라고 부른다. 중국처럼 시베리아에서도 곰을 '늙은 아버지'라고 부르며 미국 인디언들은 '네 발 달린 인간'이라 부른다고 한다. 이처럼 그간 인간과 아주 밀접한 관계를 맺어온 곰에 대한 이야기는 이제 동서를 막론하고 일반 언론매체에서 자주 언급되는 기사거리 중 하나이다.

미국의 곰

필자는 그동안 크레이터 레이크(Crater Lake), 레이크 타호(Lake Tahoe), 요세미티(Yosemite) 국립공원 등을 여행하였다. 한결같이 곰을 주의하라는 문구가 있었다. 루마니아 카르파티아산맥에 가 봐도 마찬가지다. 미국의 경고문은 '곰을 자극하지 마세요!', '음식물을 자동차 안에 두지 마세요!' 등 아주 다양하다. 또 루마니아의 경고문에도 '곰에게 먹을 것을 주지 마세요!', '동물들의 평안함을 방해하지 마세요!'라고 적혀있다.

흥미로운 것은 미국과 루마니아에서 곰이 빈번하게 출현하는 지역에 설치되어 있는 쓰레기통 모양이 비슷하다는 점이다. 두 나라에서 설치되어 있는 쓰레기통은 대개 앞문을 잡아 당겼을때 문 안쪽 밑 부분이 닫히게끔 만들어져 있어 곰이 문을 열어도 쓰레기통 안에 있는 음식물을 꺼낼 수 없게 되어 있다. 또 일반 쓰레기를 한곳에 담아두었다가 이후에 트럭이 운반하는, 철제로 된 큰 쓰레기통은 아예 곰이 문을 열 수 없게 문손잡이에다 용수철 장치를 해놓았다.

요세미티(Yosemite) 국립공원에 가보면 곰과 관련한 다양한 정보를 접할 수 있는데, 종이 인쇄물은 물론 공원 측이 자체 제작한 영상 홍보물까지 볼 수 있다. 대개 곰은 일반 음식물은 물론 심지어 캔이나 병으로 포장된 음식도 냄새를 맡고 접근하기 때문에 공원 측은 절대로 자동차 안에 음식물을 남겨두지 말라고 권고하고 있다. 요세미티 공원 내의 영상 홍보물에는 곰이 음식물을 찾아 자동차 안에 들어간 후 빵 봉지를 물고 나와 잽싸게 도망치는 장면, 부서진 자동차 모습 그리고 결국 곰이 사살된 모습 등이 기록되어 있다.

곰이 위험해지는 것은 인간이 주는 음식물을 먹으면서부터라고 한다. 그리고 곰이 위험하고 파괴적인 행동을 하면 결국 사살해야만 한다고 한다. 즉 인간과 같은 공간에서 시간을 많이 공유하면 할수록 사살될 확률이 많다는 의미이다. 그래서 공원 측은 곰이 먹이를 찾아 인간세계로 내려오지 못하게끔 홍보하고 있다. '곰이 야생을 유지할 수 있게 도와주세

미국의 곰

요(Help keep bears wild)!'라는 문구가 바로 그것이다. 공원 측은 "인간의 작은 실수로 인해 곰은 죽음이라는 희생의 대가를 치른다"고 적극 홍보하고 있다.

곰과 관련해 많은 사람들이 관심을 가지는 것 중 하나는 곰을 직면했을 때의 퇴치방법이다. 대개 우리가 알고 있는 방법은 그냥 죽은 척하는 것이지만 북극의 에스키모 인들은 곰의 코를 강하게 타격하는 것이라고 한다. 그런데 미국에서는 곰을 만났을 때 가능한 자극하지 말고 조용히 그곳을 피하라고 권고하고 있다. 물론 곰을 자극하지 말아야겠지만 그럼에도 불구하고 곰이 다가올 경우 더 세게 저항하라고 권고하고 있는데, 예를 들어 손뼉을 크게 치거나 캔(can)과 같은 것을 세게 두드려 소음을 내는 것도 좋은 방법이라고 한다.

곰은 위험으로부터 자신을 보호할 때 대부분 청각에 의존한다. 곰의 청각은 시각보다 훨씬 더 발달되어 있을뿐만 아니라 후각과는 달리 모든 방향에서 전달되는 소리를 들을 수 있다. 그래서 시끄러운 소음을 내어 청각을 자극함으로써 곰을 쫓을 수 있는 것이다.

우리의 일반적인 생각과는 달리, 곰은 아주 겁이 많고 소심하다고 한다. 곰을 연구하는 학자들은, 힘센 곰이 다람쥐나 생쥐가 바스락거리며 내는 아주 작은 소리에도 민감하게 반응한다는 사실을 처음 알았을 때 믿기지 않았다고 한다. 실제로 곰은, 새는 물론이고 심지어 나비나 나방이 가까이 다가올 때에도 놀라서 움찔하며 뒤로 물러선다고 한다.

Berkeley Column

루마니아 **불곰** 이야기

루마니아는, 동유럽은 물론 전 유럽에서도 자연환경이 잘 보존되어 있는 아름다운 나라 중 하나이다. 특히 루마니아를 가로지르는 카르파티아산맥(Carpathian Mts.)에는 전 유럽에서 군생하는 식물군의 1/3 이상이 분포하고 있고 또 곰, 늑대, 붉은 여우 등 다양한 동물들이 서식하고 있다.

퍼거라쉬 산을 가로지르는 길을 의미하는
'트란스 퍼거러샨(Trans Făgărășan)'

카르파치 산맥의 블레아(Bâlea) 호수

루마니아와 미국의 공통점 중 하나는 야생 곰이 많다는 것이다. 그만큼 두 국가는 천혜의 자연환경을 가지고 있으면서 이를 잘 보존하고 있다는 의미일 게다. 미국에서는 흑색 곰(black bear)이 그리고 루마니아에서는 갈색 불곰(brown bear)이 많이 서식하고 있다. 세계 언론에서도 자주 언급되는 것처럼, 유럽에서 야생 곰이 가장 많이 서식하고 있는 나라는 루마니아이다. 루마니아 동물학자들은 카르파티아산맥을 중심으로 현재 약 6,000~7,000마리의 곰이 서식하고 있을 거라 추정하고 있다. 반면 미국의 동물학자들은 "미국 내 흑색 곰의 개체수가 지난 20년 동안 1만여 마리에서 3만 8천 마리로 늘어나면서 먹이를 찾아 주거지역까지 내려오는 경우도 있다"고 언급하고 있다.

곰이 많아서 그런지 루마니아인들에게 카르파티아산맥의 야생 곰에 대해 물어보면 마치 일상생활의 일부인양 별로 대수롭지 않게 들려준다.

90년대 초, 필자는 난생 처음 야생 곰을 보았던 루마니아 휴양도시 시나이아(Sinaia)에 휴가를 갔었다. '카르파티아산맥의 진주'로 불리는 이 도시는 해발 800~1,000m에 위치하고 있다. 그래서 이곳은, 수도 부카레스트(Bucharest)의 한 여름 기온이 섭씨 35~40도까지 올라갈 때에도 초가을의 날씨를 유지할 뿐만 아니라 밤이 되면 제법 쌀쌀해 긴

옷을 준비해야 한다.

당시 필자가 묵은 호텔은 해발 1,400m에 위치한 어느 한 호텔이었다. 그곳에서 다른 한국인들과 함께 머물면서 여름휴가를 보냈다. 그러던 어느 날 저녁, 음료수를 사기 위해 차를 몰고 시나이아 시내로 내려가는데, 하산 도중 아기 곰 한 마리를 보았다. 재빨리 자동차를 세우고는 아기 곰을 잡으려고 했지만 차에서 내리기도 전에 이미 산 속으로 도망쳐 버렸다. 루마니아 사람들이 하는 이야기를 들어보면, 원래 곰이라는 동물은 아기 곰이고 어른 곰이고 할 것 없이 아주 빠르다고 한다. 우리가 보기에는 느린 것 같지만 자동차가 천천히 달리는 것만큼이나 빠르다고 한다. 일반적으로 마라톤 선수가 달리는 평균시속이 19km이고 또 사이클 경기에서 자전거 속도가 30km인데 비해 곰은 시속 50km 전후

카르파치 산맥의 블레아(Bâlea) 호수

루마니아 아기 곰이 혼자 풀밭에서 놀고 있다. 한참 도로 위를 걷다가 자동차가 나타나자 살짝 경계를 하는가 싶더니 금방 운전사에게 접근하여 먹이를 달라고 한다. 하지만 뜻대로 되지 않자 이번에는 운전사 옆 좌석으로 가서 아예 사이더미러(side mirror)에 앞발을 올리고는 먹이를 달라고 한다.

의 속력으로 달릴 수 있다.

2006년 여름, 필자는 부카레스트에서 기차를 타고 시나이아(Sinaia) 시 근처에 있는 부체지(Bucegi) 산으로 향했다. 마침 기차 안에서 프레데알(Predeal) 시에 있는 별장으로 휴가를 떠나는 한 루마니아인 가족을 만나 이런 저런 이야기를 나누었다. 50세 중반 정도 되는 루마니아 중년 신사는 몇 년 전에 공무원이었지만 지금은 개인 사업을 하고 있고 또 자신의 가족이 머무를 별장이 카르파티아산맥 중턱에 위치하고 있다는 등 자기 가족에 대한 이런 저런 이야기를 해 주었다. 그러던 중 별장이 카르파티아산맥의 중턱에 있으면 곰이 내려오지 않는지 물어보자 그 사람은 잠깐 뭔가를 생각하는가 싶더니 작년 여름에도 별장에 곰이 내려왔다고 했다.

어느 날 저녁, 모든 가족이 식사를 마치고는 여느 때처럼 TV를 보며 이런 저런 얘기를 나누었고, 한참 후 그의 어머니가 거실 밖에 있는 화장실에 갔다고 한다. 당시 별장이 위치한 곳은 카르파티아산맥 중턱이라 기후 변화가 심해 그날 저녁에도 가랑비가 내리면서 바람이 불었다고 한다. 화장실에 갔다 거실로 돌아온 어머니는 "애비야! 내가 화장실에 갔다 오는데 키가 아주 크고 시커먼 옷을 입은 사람이 우리 집 안마당을 지나가기에, '부너 쎄아라(Bună seara!; Good evening!에 해당)'라고 인사를 건넸는데도... 글쎄 아무 말도 하지 않고 그냥 지나가더구나!"라고 말했다고 했다. 순간 그 중년 신사는 재빨리 밖으로 나가 살펴보았지만 인기척은 없었고, 잠시 후 안마당을 살펴보았는데 그곳에 커다란 곰 발자국이 카르파티아산맥의 정상을 향해 새겨져 있었다고 했다.

만약 곰이 마을로 내려오는 도중에 자기 어머니를 만났더라면 아마도 큰 봉변을 당했겠지만 근처 민가에서 배를 채운 후 다시 산으로 올라가는 길이라 천만다행이었다고 한다.

30년 된 BMW

90년대 초, 우리나라를 방문한 외국인들이 서울 도심을 누비는 한국의 자동차 문화와 관련해 3가지로 요약해 말하는 것을 들어본 적이 있다. 그것은, 대부분이 새 차이고 중대형차이고 또 한국산 자동차라는 것이다. 이 말을 바꾸어보면, 서울에는 오래된 자동차와 소형 자동차를 찾아보기 힘들고 또 외국산 자동차도 거의 없다는 뜻이다. 물론 수입차 시장 개방 20년 만인 2007년 사상 처음으로 한국의 외국산 자동차 연간 수입량이 5만 대를 넘어섰고 특히 2011년에는 수입차 판매량이 12만 대에 육박할 것으로 예상돼 더 이상 외제차와 관련된 내용은 맞지 않을 듯하다. 실제로 2010년 한 해 동안 한국에서 팔린 승용차 10대 가운데 1대가 수입 자동차였다.

미국에 온 후, 필자도 캘리포니아의 거리를 달리는 자동차들을 눈여겨 살펴보았다. 우선 미국 시장에서 일본이 엄청나게 많은 자동차를 판매했구나 하는 생각이 들었고 또 그동안 미국 자동차 업계의 '빅3'는 80년대 자국의 자동차산업 위기상황을 간신히 벗어난 이후 지금에 이르기

샌프란시스코 시내를 달리는 BMW

까지 뭐하고 있었나 하는 생각도 들었다. 놀라운 것은 이뿐만이 아니었다. 세계 제1의 부자 나라인 미국에서 무려 30년 아니 그 이상 된 자동차가 버젓이 도로를 누비며 질주하는 것을 보면서 처음에는 필자의 눈을 의심하지 않을 수 없었다. 순간 신형 자동차를 구입할 여건이 되지 않는가 보구나 하는 생각도 했지만 얼마 지나지 않아 필자의 생각이 틀렸다는 것을 깨달았다.

어느 날 중산층으로 보이는 미국의 한 중년신사가 자신의 30년 된 베엠베(BMW)에 대해 자랑스럽게 말하는 것을 보았다. 비록 자동차 겉모습은 오래되고 낡았지만 내부를 잘 정비했는지 아주 튼튼해 보였다. 이것이 소위 말하는 미국인 특유의 실용주의(實用主義, Pragmatism) 정신이 아닌가 하는 생각이 들었다. 청교도 정신(Puritanism), 개척자 정신(Frontier Spirit)과 함께 미국의 3대 건국정신 중 하나인 실용주의 정신은 미국인들의 일상생활에서 그렇게 어렵지 않게 찾아 볼 수 있다.

필자가 거주하고 있는 알바니(Albany) 시에는 산 파블로(San Pablo)라는 중심도로가 있고 그 대로변에는 다양한 상점들이 즐비해 있다. 그런데 이곳의 상점들은 한국의 상점들에 비해 겉보기에는 간판도 작고 허름해 보이지만 막상 안으로 들어가 보면 규모가 상당히 크고 전문적일 뿐만 아니라 다양한 상품들이 빼곡하게 잘 진열되어 있다.

작년 7월 초, 방학을 이용해 가족들과 함께 샌디에고에 있는 친지 댁에 머물면서 인근 동물원 등을 방문하였다. 필자는 한국에 있을 때에도 서울 근교에 있는 놀이공원이나 동물원에 가는 것을 그렇게 좋아하지 않았다. 그 이유는 한국의 경우 규모가 너무 클뿐더러 사람에 치여 미처 다 돌아보기도 전에 지쳐버리기 때문이다. 설상가상으로 놀이공원 한 중간에서 아이가 바닥에 털썩 주저앉아 버리면 그때는 어쩔 수 없이 아이를 업고 주차장까지 와야 하기 때문에 이제 놀이공원하면 아예 본

1966년산 미국 자동차 글로스모빌(Glosmobile)

글로스모빌 내부 모습

능적으로 싫어한다. 그렇지만 아내가 애들 교육상 가는 거라 말하면 어쩔 도리가 없는데, 작년 샌디에고에서도 내심 내키지 않기는 마찬가지였다. 그런데 뜻밖에도 규모가 그렇게 크지 않아 우선 마음이 놓였고 또 한국만큼 그렇게 붐비지 않아 좋았다. 특히 샌디에고 동물원(San Diego ZOO)의 경우, 사람들이 걸어 다니는 동선마다 구경할 동물들이 있어 방문객들의 한걸음 한걸음이 헛되지 않게 섬세하게 잘 설계되어 있구나 하는 생각까지 들었다.

레고랜드(LEGOLAND)는 물론이고 씨월드(Sea World)도 가는 곳곳마다 정말 내실 있고 알차게 꾸며져 있었다. 방문하는 곳 마다 구석구석을 둘러보고 난 후 아내와 나는 만약 어느 한 곳이라도 건너뛰었더라면 분명히 후회했을 거란 말을 몇 번이나 했다.

미국처럼 땅이 넓은 나라에서 규모만을 생각했다면 우리나라보다 몇 배 아니 몇 십 배라도 더 크게 만들 수도 있었을 것이다. 하지만 이 분야의 전문가들은 어린 아이들의 눈높이에 맞게 그 규모를 적절하게 정하지 않았나하는 생각이 들었다.

일반적으로 우리나라 사람들은 겉은 화려하지만 그 속을 살펴보면 내실이 부족하다고 한다. 이에 반해 실용주의에 기반을 두고 있는 미국인들은 겉으로 보기에는 그저 그런 것 같지만 아주 내실이 있다는 생각이다.

30년 된 BMW 자동차도 그렇고 거리의 상점들도 그렇고 씨월드나 샌디에고 동물원 등도 그렇고.

Berkeley Column

NATO현장
제5조

1940년대 말, 동유럽 국가들은 마치 도미노처럼 하나씩 소련에 의해 공산화되었다. 하지만 80년대 말에는 이전과는 정반대로 공산주의에서 민주주의로 전환되는 역(逆)도미노 현상이 뚜렷하게 나타났다.

우리나라 외교정책의 주요 목표 중 하나가 남북통일이라면, 90년대 동유럽 국가들이 추구한 외교의 최고목표는 북대서양조약기구(NATO)와 유럽연합(EU) 가입이었다. 과거 소련의 붉은 군대에게 짓밟힌 아픈 역사가 있는 동유럽 국가들로서는 NATO가입이야 말로 향후 자국의 안전을 도모하는 최선의 길이었다.

냉전 시대 때 서유럽에 NATO가 있었다면 동유럽에는 바르샤바조약기구(WTO)가 있었다. 소련의 붕괴로 바르샤바조약기구는 1991년 폐지되었지만 NATO는 그간 회원국 수를 꾸준히 늘리면서 2009년에는 창설 60주년 정상회의를 개최하였다.

구(舊)바르샤바조약기구의 회원국이던 루마니아, 체코, 폴란드 등 거의 모든 동유럽 국가들은 그동안 러시아의 반대에도 불구하고 현재

NATO 가입을 완료한 상태이다. 상황이 이렇다보니 요즘 러시아는 대세를 거스를 수 없음을 인식한 듯 NATO와의 관계개선을 도모하고 있다. 그 예로, 2009년 러시아가 미국, 유럽 그리고 구소련국가를 포함하는 'NATO대체 안보기구 신설'을 제안한 것과 2010년 5월 제2차 세계대전 승전 기념식에서 NATO군이 사상 처음 모스크바의 붉은 광장을 행진한 것을 언급할 수 있다.

NATO 동맹의 중심이 되는 핵심조항은 제5조인데 그 내용은 다음과 같다.

"조약국은 [...] 한 국가 또는 여러 국가에 대한 무력공격을 모든 회원국에 대한 공격행위로 간주하며, 조약국 중 한 국가가 그러한 무력공격을 받았을 때에는 [...] 집단의 자위권(自衛權) 발동에 따라 나머지 조약국들은 [...] 무장한 군대사용을 포함한 모든 행동을 [...] 즉각 활용함으로써 공격받은 국가를 지원한다."

이 말은, 어떤 국가가 NATO의 한 회원국을 공격할 경우 모든 회원국은 이를 NATO 전체 회원국에 대한 공격으로 간주하는 동시에 자위권을 발동할 수 있는 NATO헌장 제5조를 적용해 공동 군사작전을 감행할 수 있다는 뜻이다. 무시무시한 조항이다. 이 조항을 보면 국제사회의 질서가 얼마나 냉엄한지 금방 이해할 수 있다.

만약 NATO를 국가가 아닌 '개인'을 회원으로 하는 조직이라고 가정해 보면 이해가 더 쉽다. 즉 NATO에 속한 한 회원이 어떤 외부사람으로부터 구타를 당했을 경우, 모든 회원들은 이를 NATO 전체 회원에 대한 공격으로 간주해 집단으로 그 사람을 손보겠다는 의미이다. 주먹세계에서나 있을법한 일이다. 개인 간에는 절대 일어날 수 없는 내용이 바로 유럽의 가장 대표적인 국제기구 중 하나인 NATO헌장 제5조에 언급되어 있다.

이처럼 개인 간의 질서와 국가 간의 질서 사이에는 분명히 차이가 있다. 민주국가에서 개인은 평등하고 또 개인 간의 갈등은 상위의 개념인 국가의 중재나 법을 통해서 해결될 수 있다. 하지만 국가 간에 분쟁이 있을 경우 어떠한가! 국가 간의 분쟁은 바로 힘의 논리가 적용된다. 국가를 중재하는 상위의 개념은 없다. 물론 UN 안보리, 국제사법재판소와 같은 국제기구도 있지만 대개 강대국의 이해관계에 의해 좌지우지된다.

북한의 핵무기가 좋은 예이다. 북한 지도부는 미국이 수천 개가 넘는 핵을 가지고 있으면서도 북한은 하나도 못가지게 한다고 억지주장을 하고 있다. 개인 간의 질서에서 즉 평등이라는 관점에서 보면 가능할지 몰라도 바로 이것이 국제사회에서 통용되는 강대국의 우월적 권한이다. 그래서 대부분의 국가들은 강대국을 포함한 많은 우방국과 우호관계를 맺고 또 동유럽 국가들처럼 자국의 안전을 위해 NATO 등 국제기구에도 가입한다.

요즈음 우리나라에는 국제사회의 질서를 개인 간의 질서로 착각하고 무책임한 말과 행동을 하는 사람이 눈에 띈다. 한국의 대표적인 우방국인 동시에 비난을 가장 많이 받는 나라가 바로 미국이다.

유럽에 있는 NATO는 유럽인들이 유럽국가들 중심으로 창설한 유럽의 대표적인 국제기구이지만 2011년 현재 NATO 최고사령관직은 미군사령관이 맡고 있다. 그렇다고 해서 유럽인들이 미군철수를 그렇게 외쳐대는 것은 아니다. 정반대로 루마니아, 폴란드, 불가리아 등과 같은 동유럽 국가들은 미군이 계속 주둔하기를 원하고 있다. 미군주둔으로 인한 경제, 안보효과를 기대하고 있는 것이다.

국제사회의 냉혹한 질서 속에서 우리가 우리의 우방국을 내치는 어리석음을 자행하지는 말아야 할 것이다.

Berkeley Column

리더십은 없고 **팔로워십**만 있다!

2011년 3 · 11 일본 대지진과 쓰나미 그리고 그로 인한 최악의 원전 폭발사고와 방사능유출이라는 연쇄적인 사건이 있었다. 상황이 심각한지라 급기야 아키히토(明仁) 일왕이 직접 나서 희망을 버리지 말자는 대국민 영상메시지까지 발표했지만 일본인들의 심리적 불안감은 좀처럼 누그러들지 않고 있다.

방사능 공포가 만연하면서 그동안 세간에는 일본인들의 엑서더스(exodus)가 있을 거라는 추측도 있었는데 최근 그 조짐이 조금씩 가시화되고 있다. 방사능 공포에 휩싸인 일본인들은 비교적 일본과 가까운 부산이나 서울 강남지역에 새로운 보금자리를 마련하기 위해 주택 임대 및 매입문의를 하고 있다고 한다. 단기간 체류를 원하는 일본인들은 TV, 냉장고 등 전자제품이 갖춰져 있는 집을 원하지만 상당수는 장기임대는 물론 심지어 매입문의까지 하고 있다는 것이다. 뿐만 아니라 아직 그 수가 많은 것은 아니지만 아예 한국으로 귀화하기 위해 문의를 하는 경우도 최근 들어 2배나 증가했다고 한다.

필자처럼 문학을 전공하는 사람은 소설 등 문학작품 속의 인물이 어떠한가에 관심이 많다. 작중인물들이 내뱉는 말과 행위를 추적하면서 그들의 심리를 파악하려 한다. 이번 일본 대지진 발생 후 가장 관심 있게 지켜본 인물은 간 나오토(菅直人) 일본 총리와 도쿄전력(TEPCO) 시미즈 마사다카(清水正孝) 사장이다. 전후 일본 최대의 재앙이라는 급박한 상황 속에서 그간 간 총리와 시미즈 도쿄전력 사장이 보여준 리더십은 실망 그 자체였다. 리더십(leadership)은커녕 부정적 팔로워십(followership)에 가까웠다는 표현이 옳을 성 싶다.

간 총리는 지진 발생 이튿날 재해현장을 방문했지만 헬기를 타고 한번 쭉 둘러보았을 뿐 피해주민들을 직접 만나지는 않았고 또 열흘째 되는 날에도 현장 방문을 계획했지만 이 역시도 취소되었는데, 비가 내리는 궂은 날씨가 그 이유였다고 한다. 간 총리는 총체적인 국가 위기로 번질 수 있는 상황에서 신속하게 국가 피해와 국민 희생을 최소화하는데 최선을 다해야 했지만 아쉽게도 총리에 걸맞은 그런 리더십을 보여주지 못했다. 그러는 사이, 지진과 쓰나미 악몽으로부터 간신히 목숨을 건진 일본인들 중 30여명이 임시 대피소에서 추위와 배고픔 그리고 의료품 부족 등으로 한 명씩 죽어 나갔다.

도쿄전력 시미즈 사장의 행보는 좀처럼 이해하기 어렵다. 만약 문학작품 속에 이런 인물이 있었다면 당연히 세계적인 캐릭터인 돈키호테와도 비교되는 유일무이한 그런 인물일 게다. 물론 부정적인 인물이긴 하지만 말이다. 그는 사건이 발생한지 한 달이 지났지만 아직까지도 모습을 보이지 않고 있다. 일본의 국운(國運)과도 직결될 수 있는 초유의 사태가 발생했음에도 불구하고 그동안 그가 어디서 무엇을 어떻게 하고 있는지 일본 언론들도 정확하게 알지 못하고 있는 듯하다. 이해할 수 없는 그의 행보를 일일이 언급할 순 없지만 전체적으로 볼 때 시미즈 사장과 간 총리 사이에 공통점이 하나 있는데, 그것은 이들 모두가 전면에 나서 사고 진화에 최선을 다하기는커녕 한 발짝 살짝 뒤에 물러나 있는 형국이다.

간 총리는 국무를 책임지는 사람이고 또 시미즈 사장은 사건 발원지의 총책임자이지만 리더십이 결여된 이들의 행동을 보면 마냥 아쉽기만 하다. 도쿄전력의 경우, 시미즈 사장대신 부사장이 임시대피소를 방문하는 등 전면에 나서 활동을 하고 있으며 일본 총리도 지진 발생 초기에는 기자회견을 하며 TV에서 자주 얼굴을 보이다가 시간이 지나면서 에다노 유키오(枝野幸男) 관방장관에게 자신의 역할을 대신 수행케 하고 있다.

리더십은 없고 팔로워십만 있다!는 표현은 일본 총리와 도쿄전력 사장에게만 국한되는 것은 아니다. 현재 일본인들이 겪고 있는 엄청난 고통과 슬픔을 십분 이해하지만 앞으로 일본인들이 좀 더 역동적이고 활기찬 개개인으로 발전했으면 하는 바람이다. 남에게 폐를 끼치지 않는 일본 문화의 우수성도 익히 알고 있고 또 이번과 같은 대재앙 속에서도 차분하게 대처하는 일본인들의 수준 높은 시민의식도 높게 사지만 임시 대피소의 추위와 배고픔에도 아우성치지 않고 조용히 죽음과 사투를 벌이는 그들의 차분함은 한편으로는 감동적이지만 왠지 팔로워십에 가깝다는 생각이다.

세계의 경제 전문가들은 일본의 피해복구 시기를 올해 말로 예상하면서 일본경제의 본격적인 성장을 내년 상반기로 전망하고 있다. 아이러니하지만 지구의 역사가 전쟁 등 아픔을 통해 건강해진다는 말이 있는 것처럼, 현재 말로 다 형언할 수 없는 이 엄청난 아픔을 일본인 모두가 함께 딛고 일어설 때면 그간 잠자고 있던 거대한 일본경제도 서서히 기지개를 켤 것으로 생각된다.

Berkeley Column

The First **Godfather** (1)

얼마 전 미국에서 심형래 감독, 주연의 '라스트 갓 파더(Last Godfather)'가 개봉되었다. 영화의 주인공은 80년대 한국 코미디의 대표적인 인물인 영구이다. 한국에서 사랑받던 영구가 요즘 영화를 통해 미국인들에게도 소개되고 있다. 지금까지 영구라는 캐릭터는 미국인들에게 '귀엽다(so cute)'는 반응을 얻고 있는 것으로 알려지고 있다.

필자가 거주하고 있는 베이지역(Bay Area)에는 '퍼스트 갓 파더(First Godfather)'라고 불리는 분이 있다. 알라메다(Alameda)에 거주하고 있는 박희덕 회장을 일컫는 말이다. 처음 그를 만난 것은 버클리대학교에(UC Berkeley) 객원교수로 온 직후로 기억되는데, 첫 만남부터 온화한 목소리와 후덕하신 모습이 인상 깊었다.

한 나라를 여행하거나 머물면서 그곳 사람들의 문화를 알아보고 체험하는 것은 흥미롭고 가슴 설레는 일이다. 하지만 필자는 1년 동안 캘리포니아에 거주하면서 미국인들의 문화와 민족성 등을 이해하는데 어려움이 많았다. 우선 미국인들을 직접 만날 기회가 그리 많지 않아 그랬고 특히 영어가 신통치 않아 더욱 더 그러했다. 그래서 필자는 늘 미국의 전반적인 것에 대해 알고 싶은 갈증이 있었다.

하지만 시간이 지나면서 필자 나름대로의 방법을 터득했는데, 그것은 미국으로 이민 온 한인들을 만날 때마다 그간 궁금했던 것을 물어보고 또 그들이 하는 얘기들을 귀담아 듣는 것이었다. 특히 50년 전 미국으로 이민 온 박희덕 회장님을 만날 기회가 생기면 이런 저런 질문할 내용을 미리 준비하곤 한다.

1913년 도산 안창호 선생이 창립한 민족운동단체인 흥사단(興士團)이 샌프란시스코에 있었고 또 50~60년대에는 한인들이 LA보다 샌프란시스코에 더 많이 거주했다는 얘기 등 한인들의 초기 이민생활과 관련해 박 회장께서 이야기보따리를 풀 때면 이내 흥미로움에 매료된다. 특히 미국인들의 성숙한 시민의식과 준법정신에 관해 언급할 때는 우리나라도 꼭 본받아야 한다고 거듭 강조하신다.

한 예로, 1989년 샌프란시스코와 오클랜드 사이를 연결하는 베이 브리지(Bay Bridge)의 교량 상판이 무너지는 대지진이 있었는데, 공교롭게도 당일 저녁 6시에 샌프란시스코 자이언트(Giant)팀과 오클랜드 에이스(A's)팀 간에 월드시리즈(World Series)가 예정되어 있어 샌프란시스코 야구장은 일찌감치 관중들로 꽉 차 있었다고 한다. 경기 시작 약 1시간 전인 오후 5시경 지진이 발생했고 이에 야구협회 측은 신속히 구장 내 방송을 통해 관중들에게 귀가조치를 내렸다고 한다. 그런데 당시 미국인들은 질서정연하게, 말 그대로 한 명씩 한 명씩 그리고 가족의 손을 잡고, 아무런 사고 없이 조용히 야구장을 빠져나갔다는 것이다. 이뿐만이 아니다. 지진으로 인한 정전 때문에 샌프란시스코 시내의 교통신호등이 작동되지 않자 일반 시민들이 직접 도로에 나와 수신호로 교통정리

가족과 함께

를 했다고 한다. 또한 같은 시기에 미국적십자사(Red Cross)도 지진으로 인한 부상자들과 집이 무너져 갈 곳이 없던 사람들을 수용하여 치료했는데 그곳에도 자원봉사 활동을 원하는 미국인들의 발길이 끊이지 않았다고 한다. 박 회장께서는 당시 미국인들이 보여준 수준 높은 시민의식에 깊은 감동을 받았다고 한다.

함경도 청진이 고향인 그는 해방직전인 1944년 부모를 따라 남한으로 내려와 인천에 삶의 터전을 마련하였다. 인천고등학교 재학시절 모든 가족이 서울로 이사를 한 터라 매일 서울과 인천을 통학하면서 고등학교를 졸업했고 그 후 한국외국어대학교 영어과에 입학했다. 졸업 후 병역의 의무를 마친 그는 1962년 미국으로 건너와 유학생활을 시작하는데 그때부터 지금까지 줄곧 샌프란시스코를 비롯한 베이지역에서 거주하고 있다.

그가 미국으로 이민 온 시기는 60년대 초 박정희 대통령의 집권시절이었다. 당시 우리나라는 외환거래법상 한 사람이 외국으로 가져 나갈 수 있는 외환보유 최대 한도액을 100달러로 제한했기 때문에 정착 초기 박회장을 비롯한 대부분의 한인들이 겪었던 고충이란 이루 말로 다 할 수 없었다고 한다. 그래서 그는 유학을 하면서 식당 유리창 및 바닥 청소, 접시 닦기, 버스보이(busboy, 호텔 레스토랑 등에서 테이블 정돈이나 식기를 내가는 일을 하는 즉, 웨이터의 조수), 웨이터, 호텔 벨보이(bellboy) 그리고 아파트 관리인 등 해보지 않은 일이 없었다고 한다.

Berkeley Column

The First **Godfather** (2)

1960년대 초 미국에서 유학하던 박희덕 회장은 당시 대부분의 한국 유학생들이 그랬던 것처럼 학교 수업이 끝나면 곧바로 샌프란시스코 시내를 두 발로 직접 뛰어 다니며 일자리를 찾아 나섰다. 실제로 그는 샌프란시스코에 있는 식당이라는 식당은 모두 들어가 혹시 일할 사람을 구하는지 물어 보았다고 한다. 결국 그가 처음 시작한 일은 미국에서 가장 궂은 일 중 하나인 레스토랑 유리창 청소였다. 하지만 기쁨도 잠깐, 한국에선 전혀 해본 경험이 없던 터라 채 하루가 지나기도 전에 해고되었다. 당시 레스토랑 주인은 그를 불러 시간당 1달러 10센트를 8시간으로 계산해 하루치 임금을 건네주었다고 한다. 세금을 제한 나머지 6달러 남짓을 한 손에 움켜쥐고 밖으로 나온 그는 머나 먼 타국에서 얼마나 서러웠던지 샌프란시스코 시내를 정처 없이 거닐다가... 오션비치(Ocean Beach)에 홀로 우두커니 앉아 고국을 바라보며... 그날 밤 한잠도 이룰 수 없었다고 한다. 그래서 그는 이후에 한국에서 유학을 오는 학생이 있으면 자신의 집에 머물게 하면서 그간 알아뒀던 일자리를 직접 알선해 주는 것은 물론 어떻게 일해야 하는지 그 방법까지도 상세하게 알려주기 시작했다.

60년대 초 패기 넘치고 전도유망한 한국의 젊은 유학생 박희덕은 자정부터 아침 8시까지 샌프란시스코에 있는 레스토랑에서 바닥 청소, 유리창 청소, 접시 닦기 등 각종 허드렛일을 하기 시작했다. 그리고 아침에 자취방에 도착하면 간단히 세수만 하고 난 후 곧바로 학교로 향했다. 주경야독이 아니라 말 그대로 '야경주독(夜耕晝讀)'을 한 셈이다.

귀여운 손자와 함께

박 회장께서 '갓 파더'로 불리기 시작한 것은 그가 아파트를 청소하고 관리하는 일을 하면서부터이다. 당시 아파트 관리인이었던 그는 건물 지하에 있는 조그만 방에서 생활하고 있었는데, 그곳에는 한국 유학생들이 한방에 2~3명씩 자취를 하고 있었다고 한다.

자신 역시 넉넉지 않은 생활을 하면서도 항상 그는 한국 유학생들을 도와주려 하였고 또 매일 아침, 저녁까지 기꺼이 제공하는 후덕함까지 가지고 있었다. 이러한 박 회장의 따뜻한 마음에 감동한 한국 학생들은 그를 '갓 파더'로 부르기 시작했다. 잠깐 지난 추억을 회고하며 얼굴에 살짝 미소를 짓던 박 회장은, 당시의 한국 학생들은 모두 성공했고 또

대부분이 미국에서 살고 있으며 지금까지도 서로 연락하면서 가끔씩 만남의 기회를 가진다고 한다.

70년대 샌프란시스코에 거주하고 있던 박희덕 회장은 1971년부터 근 10년 동안 라디오 방송국 대표로 있으면서 '가주 한국의 소리 방송'을 직접 제작, 방송하였다. 그는 매주 1시간씩 한국 교포들과 관련된 내용 등 다양한 소식을 미국 방송채널(KBRG)을 통해 한인들에게 전달했고 또 한 달에 한 번씩 미국 영화관을 빌려 한국영화를 상영하기도 했다. 당시 머나먼 이국땅에서 고국이 그리웠을 한국 교포들에게 큰 위로와 힘이 되었음은 익히 짐작이 가고 남는다. 뿐만 아니라 그는 북가주에서 고교, 대학 동창회와 교회 단위로 하는 한인 야구대회를 처음으로 개최했는데, 그 전통은 현재까지 계속되고 있으며 지금은 야구협회가 주관하고 있다고 한다.

1975년 박희덕 회장은 북가주 사상 처음으로 골든게이트 공원(Golden Gate Park)에서 한인 대운동회를 개최하였다. 당시 예상보다 훨씬 많은 약 400여명의 교민들이 참석했다고 한다. 북가주 한인 운동회는 우리나라 초등학교 운동회처럼 청군, 백군으로 나눠 성공리에 진행되었고 참가한 모든 사람들에게 한국 비행기 왕복 티켓은 물론 쌀, 라면, 칫솔 치약 등 한국 기업들로부터 협찬 받은 푸짐한 상품이 지급되었다.

박 회장을 잘 아는 주위 분들은 당시 그가 사비까지 들여가면서 한인들을 위해 운동회를 정말 알차게 준비했다고 살짝 귀띔을 한다. 하지만 박 회장께서는, 모든 한인들이 함께 어우러져 축제의 한마당을 이루었던 당시의 한인 운동회가 단발성 행사로 그치고 말아 지금도 아쉬움이 많다고 한다.

초기 이민시절부터 현재에 이르기까지 박 회장께서는 미국으로 오는 많은 한국인들을 자기 가족처럼 도와주고 있다. 북가주 지역의 터줏대감인 셈이다. 그래서 베이지역에서 그를 알고 있는 많은 한인들은 박희덕 회장을 부를 때, 샌프란시스코를 줄여서 그냥 "샌프란 갓 파더(San Fran Godfather)"라고 부른다.

항상 고국을 잊지 않고 한국인임을 자랑스럽게 생각하고 있는 그는 샌프란시스코의 진정한 '대부(代父)'이다.

Berkeley Column

세계의 **대학**

전문적인 교육과 연구를 병행하는 고등교육기관인 대학(大學, college)의 역사는 BC 387년경 플라톤이 설립한 고대 그리스의 아카데미아(Academia), 중국의 고대왕조인 주(周)나라(BC 1046-BC 771) 시대의 국학기관 그리고 우리나라 학교교육의 시초로 간주되는 고구려 소수림왕 2년인 서기 372년에 설립된 태학(太學) 등에서 기원을 찾을 수 있다. 그렇지만 현대적 의미에서의 대학은 중세 유럽에서 시작되었다고 볼 수 있다.

세계 최초의 대학은 11세기에 설립된 이탈리아의 볼로냐 대학(Universita di Bologna, 1088)이다. 이 대학은 1988년에 개교 900주년 기념식을 개최했고 지난 2000년에는 세계에서 가장 오래된 대학임을 강조하기 위해 교명을 '학문의 모교'라는 의미의 '알마 마테르 스투디오룸(Alma Mater Studiorum)'으로 바꾸었다.

볼로냐 대학 외에도 역사와 전통을 자랑하는 대학으로는 프랑스 파리 대학(Paris, 1215)과 영국의 옥스퍼드(Oxford, 1249), 케임브리지 대학

버클리대학교(UC Berkeley) 본관

(Cambridge, 1284) 그리고 포르투갈 최초의 코임브라 대학(Coimbra, 1290) 등이 있다.

이 외에도 중부유럽 최초의 대학인 체코 카렐대학(Karel, 1348)과 폴란드 야길로니아 대학(Jagiellonian, 1364), 오스트리아 빈 대학(Vienna, 1365) 그리고 독일에서 가장 오래된 하이델베르크 대학(Heidelberg, 1386) 등도 세계적으로 유서 깊은 대학이다.

인류의 역사상 대학이 출현한 이후 현재에 이르기까지 세계의 대학들은 그동안 많은 변화를 거듭하며 발전을 계속해 왔다. 오늘날의 대학은 일부 상류계층은 물론 사회구성원 모두가 입학할 수 있는 교육기관이 되었으며, 최근에는 기존의 전통적인 대학의 모습에서 탈피하여 컴퓨터상에서 존재하는 사이버대학(Cyber University)과 가상대학(Virtual University)까지 등장하고 있다.

21세기에 접어들면서 세계의 대학은 일반 기업처럼 무한경쟁 시대에 돌입했다고 볼 수 있다. 뿐만 아니라 최근에는 대학의 발전이 곧 국가의 발전이라는 공식이 그대로 받아들여지고 있다. '강대국의 흥망(The Rise and Fall of the Great Powers)'을 저술한 세계적인 역사학자 폴 케네디(Paul Kennedy) 예일대 교수는 21세기를 아시아 · 태평양 시대라고 전망하였고 또한 지난해 도쿄의 한 강연회에서는 '21세기 아시아 · 태평양 시대의 중심국가가 일본도 중국도 아닌 한국이 될 것이다'라고 언급했다.

이에 반해 2010년 2월, 리처드 레빈(Richard Levin) 예일대 총장은 '25년 내에 베이징대, 칭화대는 세계 10위권에 진입하여 미국의 아이비리그(Ivy League) 대학과 경쟁하게 될 것'이라 전망하면서 '중국은 1998년부터 세계 일류대를 보유하겠다는 원대한 계획

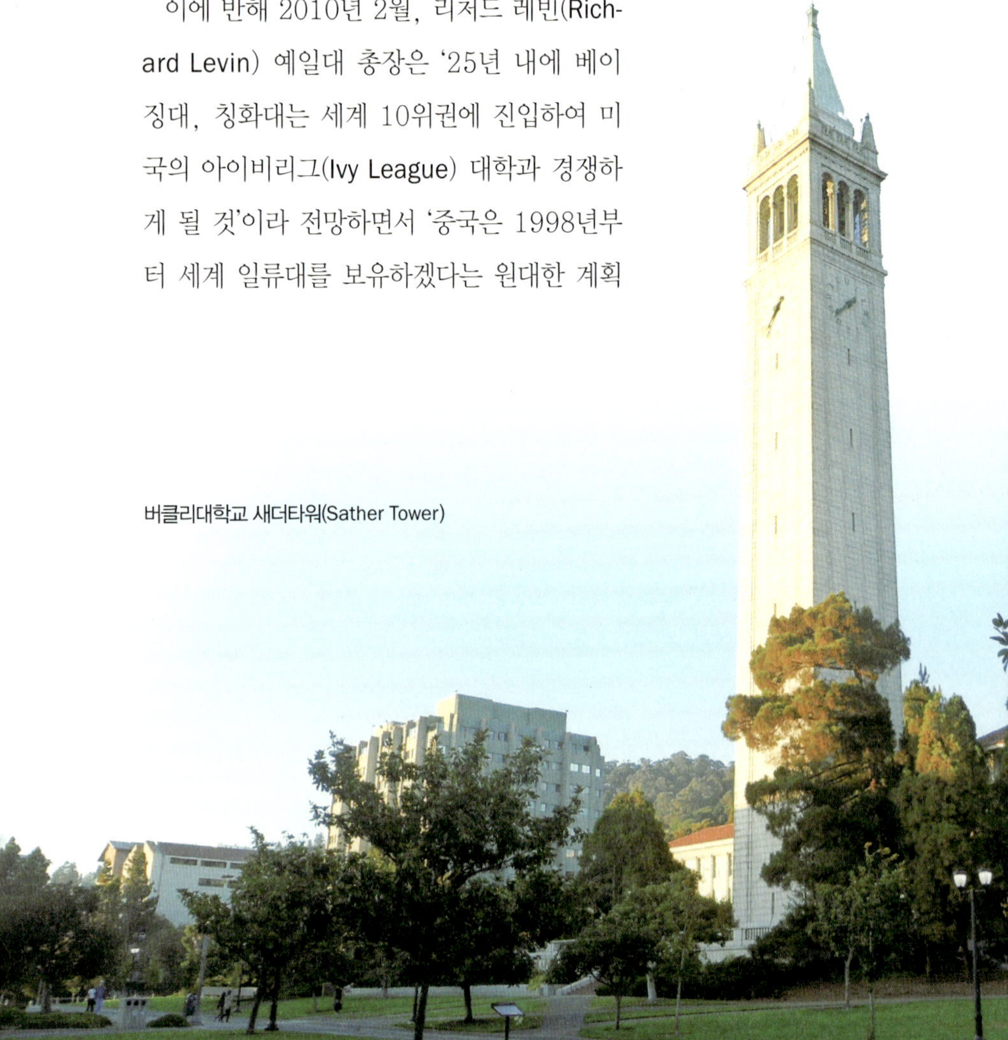

버클리대학교 새더타워(Sather Tower)

을 진행 중이며 국내총생산 (GDP)의 2.5%에 달하는 기초학문 연구재원'을 집중 투자하며 중국의 대학들을 발전시키고 있다고 언급하였다.

스탠퍼드대학교

조사 기관마다 다소 순위의 변동이 있지만 지난 2010년 3월 15일 영국 타임스의 교육전문 주간지 '타임스 하이어 에듀케이션(THE)'은 '세계대학평가 2010~2011'을 발표하였다. 이번 발표에서는 '2010년 세계 대학평가도' 상위 200개 대학과 '2011년 세계 대학평판도' 상위 100개 대학으로 구분하였다.

먼저 대학 평가도에서는 미국의 하버드와 캘리포니아 공대 그리고 MIT가 각각 1위부터 3위를 차지했고 국내 대학으로는 포항공대(28위) 카이스트(79위) 그리고 서울대(109위)가 순위에 올랐다. 또한 대학 평판도에서는 하버드와 MIT가 1위 2위를 차지했고 버클리와 케임브리지는 공동 3위 그리고 4위부터는 각각 스탠퍼드, 옥스퍼드, 프린스턴이 뒤를 이었다. 국내대학은 서울대(55위)와 카이스트(93위)가 100위 안에 이름을 올렸고 일본 도쿄대학이 8위, 중국의 칭화대와 베이징대는 각각 35위 43위를 차지했다.

이처럼 미국 대학의 세계 경쟁력은 타의 추종을 불허할 만큼 세계 최

스탠퍼드대학교 후버탑

고의 대학 TOP 10에 7개교가 그리고 100위권 내에는 거의 절반에 해당하는 무려 45개의 대학이 포함되었다.

현재 한국 대학의 경쟁력은 미국과 영국은 물론 일본, 중국에도 뒤지고 있지만 케네디 교수의 말처럼 앞으로 한국이 21세기 아시아 · 태평양 시대의 세계 중심국가로 부상할 수 있도록 우리 대학의 많은 발전을 기대해 본다.

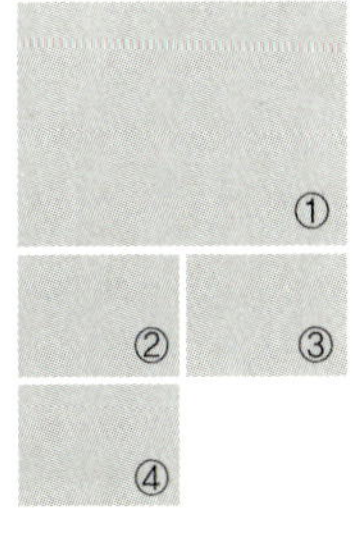

① 하버드대학교
② ③ MIT공대
④중국 칭화대 본관

Berkeley Column

20달러와 5만원

미국의 TV방송을 보면 사실 별 재미가 없다. 영어를 알아듣지 못해서 그럴 수도 있지만 채널만 이리저리 돌리기 일쑤다. 그런데 미국의 TV광고를 보고 있으면 한국과는 비교되는 몇 가지 다른 점을 발견하게 된다. 우선 한국의 TV광고에는 우리나라 최고의 인기 연예인들이 등장하지만 미국의 경우에는 좀처럼 세계적인 할리우드 스타들을 찾아보기 힘들다. 뿐만 아니라 한국의 TV홈쇼핑 채널에서는 미국에 비해 좀 더 다양한 물건들이 취급되는 것은 물론 이따금씩 고가의 물건도 판매하지만 미국 TV의 경우에는 대개가 건강과 관련된 것들과 생활용품이 많고 또 이들 대부분은 한국에 비해 상대적으로 가격이 저렴한 19.95달러 혹은 29.99달러짜리 물건이 많다.

사실 오늘날 광고 마케팅에서는 9라는 숫자가 자주 사용된다. 이는 소비자의 심리를 겨냥해 물건 가격의 끝수를 9로 하는 것이다. 예를 들어, 20달러보다는 19.95달러나 혹은 19.99달러라는 가격이 자주 사용되는데, 이는 소비자의 심리적 부담을 줄여 구매로 이어지게끔 하는 일종의 마케팅 전략이다. 이런 기발한 아이디어를 처음 생각한 사람은 체코의 토마쉬 바짜(Tomáš Baťa)인데, 오늘날 그의 마케팅 전략을 일컬어 '바짜의 가격'이라고 한다.

19세기 말 바짜는 자신의 형 안토닌(Antonín)과 함께 신발회사를 세워 기존의 가죽신발 대신에 오늘날의 운동화를 생산하기 시작했고, 1차 세계대전 중에는 군화를 생산하면서 회사를 성장시켰다. 하지만 전후의 경제침체로 인해 자회사가 위기에 직면하자 재고를 처분하기 위한 차원에서 바짜의 가격이라는 마케팅 전략을 세웠던 것이다.

샌프란시스코와 베이지역은 미국에서도 물가가 비싸기로 유명한 곳이다. 물론 서울의 물가도 만만치 않다. 샌프란시스코에서 거주하고 있는 어떤 한인들은 그곳의 물가가 서울보다 더 비싸다고 말하지만 그 반대라고 말하는 사람들도 있다. 대학등록금이나 건강보험료 등을 생각하면 당연히 미국의 물가가 비싸지만 고기, 과일, 채소 등 생필품 가격이나 휘발유 가격 그리고 사교육비 등을 생각하면 서울이 더 비싸다. 그렇지만 이들 두 지역은 세계에서도 물가가 가장 비싼 곳에 속하기 때문에 어디가 더 비싼지 따져보는 것은 별 의미가 없다는 생각이다.

그런데 샌프란시스코와 서울을 오가며 생활하다 보면, 이들 두 지역에서 가장 많이 유통되는 화폐 단위에 다소의 차이가 있음을 발견하게 된다. 그것은 다름 아닌 20달러와 5만 원권 화폐이다. 샌프란시스코에서는 보통 20달러 선에서 소비가 이루어지지만 서울에서는 5만 원 선에서 이루어진다. 이 말은 샌프란시스코와 서울에서 사용되는 화폐 가치의 기준이 각각 20달러와 5만 원이라는 뜻이다.

예를 들어, 미국인들은 선물을 살 때 보통 20달러 내에서 구입한다. 또한 미국의 TV광고에서 볼 수 있는 물건의 가격도 대개는 19.95달러나 혹은 19.99달러인 경우가 많다. 이뿐만이 아니다. 미국 은행의 현금 자동입·출금기(ATM)에서 출금할 수 있는 최고권액도 20달러이다. 만약 50달러나 100달러짜리 화폐를 출금하기 원할 경우에는 직원이 있는 은행 내의 일반 창구를 이용해야 한다. 이처럼 미국에서는 20달러가 화폐가치의 기준이 되고 있다.

이에 반해 한국에서는 각종 경조사비는 물론이고 선물상품권을 주고받을 때에도 5만 원 상당에서 결정되는 경우가 많다. 실제로 2009년 6월, 한국 사회에서 5만 원권 화폐가 처음 발행된 이후 현재 시중에 유통되는 있는 5만 원권 화폐의 총액이 20조 1,076억 원으로 집계되었다. 이는 5만 원권 화폐가 발행된 지 1년 9개월 만에 1만 원권 화폐의 총액을 추월한 수치인데, 장수로 따져보면 약 4억 215만장으로 국민 1인당 8.2장씩 가지고 있는 셈이다.

지난 2011년 3월 30일 한국은행은, 2010년 우리나라 1인당 국민총소득(GNI)이 2만 759달러를 기록해 2007년 이후 3년 만에 2만달러 시대로 다시 복귀했다고 밝혔다. 이로써 한국은 인구 2,000만 명 이상인 국가만을 따졌을 때 세계 10개국 내에 속하게 됐다. 이에 반해 미국의 경우에는 1인당 국민총소득이 4만 4,999달러로 호주 다음으로 세계 2위를 기록했다.

결국 한국의 1인당 국민총소득은 미국의 절반에도 미치지 못하지만 소비 행태를 보면 2배가 넘는 셈이다. 한국인 특유의 체면치레나 허례허식 때문에 우리의 소득수준을 생각하지 않고 혹시 과소비를 하고 있지는 않은지 우리 모두가 다 함께 생각해봐야 할 것이다.

한국의 결혼식
지금 이대로 좋은가!

우리나라 사람들은 혼인식보다 결혼식이라는 말을 선호한다. 혼인(婚姻)은 '장가들고 시집가는 일'을 의미한다. 또 결혼(結婚)은 '부부로서 관계를 맺는 것'을 그리고 이혼은 '관계를 끊는 것'을 말한다.

가만히 보면 결혼의 반대말은 있는 것 같지만 혼인의 반대말은 없어 보인다. 옛날에는 혼인을 하면 평생을 함께 했기 때문에 반대말이 필요하지 않았고 또 오늘날에는 부부의 '연을 맺는' 결혼이란 말이 더 많이 통용되는 이유가 혹시 '연을 끊는' 이혼의 가능성 때문에 그런 걸까? 뜬금없고 생뚱맞은 생각인줄 알지만 어쨌든 필자는 결혼보다 혼인이라는 말이 더 정감 있고 좋아 보인다.

인생을 살아가면서 가장 중요한 순간 중 하나가 바로 혼인이다. 영어에는 'to marry'라는 동사가 하나 있지만, 남녀구분이 있는 우리나라는 물론이고 루마니아 언어에도 '시집가다' 동사와 '장가들다' 동사 그리고 남녀 모두에게 해당되는 '혼인하다' 동사가 있다. 그런데 루마니아 언어에는 우리나라에는 없는 〈종교적 혼인을 하다(a se cununa)〉라는 의미의 동사가 하나 더 있다. 이 동사는 신부님이 하느님 앞에서 두 남녀의 혼인을 허락하는 종교적 의식을 의미한다. 그래서 유럽과 미국에는 '법률적 혼인'외에도 '종교적 혼인'이라는 말이 있다. 법률적 혼인이라는 말은 구청이나 읍면사무소 등에서 혼인사실을 등록하는 것이고 종교적 혼인은 교회에서 신부님이나 목사님의 주관으로 혼인을 하느님께 맹세하는 의식을 말한다.

오늘날 우리나라에서 기독교, 천주교 신자들의 종교적 활동은 상대적으로 침체되어 있는 유럽과는 비교할 수 없을 만큼 활발하지만 유독 성스럽고 종교적인 유럽의 혼인문화는 아직도 완전히 정착되지 않은 듯하다. 물론 일부 사람들은 교회나 성당에서 식을 올리기도 하지만 아직도 많은 사람들은 비싼 비용을 치르면서까지 호텔이나 고급 예식장을 선호하고 있다.

루마니아 신랑신부

호텔이나 고급 예식장에서 거행되는 혼인식은 화려함을 강조한 나머지 너무 행사중심으로 진행된다. 모델 같은 여자들이 팡파르를 울리며 나타나기도 하고, 예식홀 천장에서 신랑신부가 말(horse)이나 꽃바구니 같은 것을 타고 내려오기도 한다. 그럴 때면 예외 없이 예식홀 안이 어두워지면서 신랑신부를 향해 조명이 집중된다. 문제는 이런 유의 예식을 많은 예비 신랑신부들이 선호하고 있다는 사실이다.

모름지기 호텔이라는 곳은 누군지도 알지 못하는 별의 별 사람들이 모여드는 신성(神聖)치 않은 곳이다. 오늘날 한국의 예비 신랑신부들은 호화스러운 호텔의 겉모습만 보고 호텔 자체가 무엇을 의미하는지는 전혀 생각하지 않는 것 같다. 물론 호텔이라는 곳은 특히 글로벌 시대에는 없어서는 안 될 현대 문명의 중요한 일부이긴 하지만 일생일대의 인륜대사(人倫大事)를 꼭 이런 곳에서 치러야할지는 한번 생각해 봐야할 일이다.

이에 반해 유럽인들은 혼인식을 거행할 때 일부러라도 깨끗하고 또 깨끗한 장소를 찾아 식을 올린다. 물론 대개가 교회이다. 혼인식을 성스럽게 생각하고 있기 때문이다.

신부치장

한국의 혼인식은 너무 많은 사람들로 북적인다. 주말에 여러 쌍의 혼인식이 동일한 장소에서 줄줄이 거행되기 때문에 더 그렇다. 예식이 끝난 뒤 빠져나가는 사람들과 다음 예식을 준비하러 들어오는 사람들이 뒤섞일 때면 발 디딜 틈이 없다.

한국에서 혼인식이 번잡한 것은 '부조(扶助) 문화'도 큰 몫을 차지한다. 부조문화는 세계 어디에나 있겠지만 우리나라에서 만큼은 지나치게 발전된 것 같다. 과거 넉넉지 않은 살림살이에 많은 비용이 들어가는 혼인식을 치르기 위해서 품앗이 형태로 이루어진 순수한 의미의 부조문화가 변질되어 오늘날에는 가족과 휴식을 취해야 할 주말에, 심한 경우 예식장 2~3곳을 들리기도 한다. 각종 경조사로 인해 사람들은 바쁘고 한국의 주말은 그리 평온하지 않다.

흥미로운 것은 우리나라 예식장을 가보면 예식 순서에 꼭 '케이크 커

신랑면도

팅'이라는 것이 포함되어 있다. 호텔 측의 수익을 위한 것인지 모르겠지만 혼인 첫날부터 신랑신부가 손에 칼을 들고 뭔가를 꼭 '절단(切斷)'해야 하는지는 의문이다.

2009년 한국결혼문화연구소가 발표한 자료에 의하면, 우리나라 신혼부부의 평균 혼인비용이 1억 7,542만 원이라고 한다. 그 중 70% 정도가 신혼집마련에 사용된다지만 나머지 비용을 계산 해봐도 만만치 않다.

새로운 가정을 이루려는 한 쌍의 젊은 남녀가 혼인생활이라는 긴 여정을 시작할 즈음에 기존의 혼인문화를 꼭 따라야만 하는지 또 시작부터 너무 무리하는 것은 아닌지.

Berkeley Column

투우(bullfight)

프랑스의 라스코 동굴벽화와 더불어 구석기시대 회화예술의 정수로 간주되는 스페인의 알타미라(Altamira) 동굴벽화에는 황소 등 다양한 동물들의 모습이 생생하게 묘사되어 있다. 알타미라 벽화는 스페인 예술사의 시작으로 간주됨은 물론 인류학적으로도 그 가치를 인정받아 현재 세계문화유산에 등록되어 있다. 이처럼 황소는 스페인 문화의 근간(根幹)을 이루고 있다.

세계 최초의 투우사는 그리스신화에 나오는 우두인신(牛頭人身)의 괴물 미노타우로스(Minotauros)를 퇴치한 아테네의 영웅 테세우스(Theseus)이다. 또 그와 동시대의 헤라클레스는 그리스의 황소신화를 처음으로 스페인에 전파한 인물로 기록되어있다. 따라서 투우의 기원은 헤라클레스와 테세우스의 시대부터 존재했다고 볼 수 있다.

17세기 말까지 스페인의 투우는 전적으로 귀족들 사이에서만 성행했다. 하지만 18세기로 접어들면서 오늘날 진행되는 투우경기의 형식을 갖추기 시작한 것은 물론 일반 대중들도 참관할 수 있게 됨으로써 차츰 스페인의 대중문화로 자리 잡기 시작했다.

투우경기는 대개 석양의 붉은 노을이 물들기 시작할 때 시작되는데, 3팀으로 이루어진 투우사들이 1팀당 2마리, 즉 총 6마리의 소를 상대한다. 그리고 경기 진행시간은 1마리당 약 20~30분이 소요되기 때문에 총 2시간 30분 내외에서 결정된다.

투우경기의 시작은 투우사를 소개하는 장내 행진으로부터 시작된다. 행진이 끝나면 무게가 500kg가 넘는 황소가 투우장 내에 투입되는데 한눈에 봐도 힘이 넘친다. 투우경기는 역할이 서로 다른 세 부류의 투우사들이 투우장에 등장하는 시기에 따라 3단계로 구분되는데, 그것은 '장창꽂이(Suerte de Varas)', '단창꽂이(Banderillas)' 그리고 '진실의 순간(La hora de la verdad)'이다.

투우 장면 [출처: 구글]

경기의 진행을 보면, 우선 2명의 투우사가 말을 타고 등장하는데 그들 중 1명은 긴 창으로 소의 등을 찔러 피가 흐르게 한다. 두 번째 단계에는 또 다른 3명의 투우사가 등장하는데, 이들은 소의 공격을 피하면서 각각 2개의 짧은 창, 즉 총 6개의 단창을 차례로 등에 꽂아 소를 흥분시킨다. 피를 흘리는 황소는 시간이 지나면서 처음보다 힘이 많이 빠지게 되는데, 이윽고 마지막 단계에서 스페인어로 마타도르(matador: 죽이는 사람)라고 하는 주연투우사가 나와 물레타(muleta)라는 붉은 천을 사용하여 황소와 정면대결을 한다.

최고의 투우사일수록 소의 숨통을 단숨에 끊어 고통을 덜어 주는 것이다. 그러기 위해서는 긴 칼로 급소를 단번에 관통시켜야 하는데, 이는 생각처럼 그리 쉽지 않은 고난도의 기술을 요한다.

최후의 일격을 가하기 전 마타도르는 삶과 죽음의 경계에 서 있는 황소와 잠시 시선을 교환하는데, 이때는 관중들도 모두 숨을 죽인다. 그

투우 장면 [출처: 구글]

순간 투우장 내 분위기는 말 그대로 석양의 붉은 노을 아래 투우사와 황소의 비장한 침묵만이 흐를 뿐이다.

마침내 투우사가 황소를 제압하면, 모든 결과는 객석 상단에 있는 판정관들에 의해 결정되며 훌륭한 투우사는 판정 결과에 따라 소의 귀를 하나나 둘 혹은 양쪽 귀 그리고 꼬리까지 잘라 갈 수 있다. 그리고 죽은 소는 노새가 투우장 밖으로 끌고 나간다.

대개 사람들은 투우경기에서 투우사와 황소의 승부에만 관심이 많다. 그런데 자세히 보면 투우가 강렬한 '에로티시즘(eroticism)'의 표출임을 쉽게 알 수 있다. 중세기풍의 금 · 은으로 장식된 투우사의 화려한 의상과 절제되면서도 도발적인 성적인 포즈는 관중들을 매료시키기에 충분하다. 특히 하반신을 꽉 죄는 바지는 남성의 심벌과 원래 그대로의 히프(hip) 모양을 강조하고 있으며, 반복된 숙련으로 완성된 투우사의 절제된 몸짓은 삶과 죽음 사이의 핏빛 향연 속에서 힘과 아름다움을 동시에 보여주며 관중을 흥분시킨다.

대개는 물레타의 붉은 색이 소를 흥분시킨다고 알고 있지만 사실은 관중들을 흥분시키기 위한 것이다. 소는 색맹이기 때문에 붉은 색에 동요하는 것이 아니라 천의 흔들림에 자극을 받는 것이다.

그리고 투우장에 한번 들어간 소는 죽기 전에는 절대 그곳을 빠져 나갈 수 없다고 한다. 하지만 예외도 있는데, 그것은 투우사와 전혀 싸울 의사가 없는 황소의 경우이다. 뿐만 아니라 심지어 어떤 경우에는 투우사와 싸울 의사가 없는 것은 물론 아예 투우장 밖으로도 나갈 생각을 하지 않는 완전히 개념 없는 소도 간혹 있다고 한다. 그때는 어쩔 수 없이 뿔에 방울을 단 예쁜 암소를 데리고 들어와 그 소를 유인하여 투우장 밖으로 데리고 나간다고 한다.

2012년 1월부터는 카탈루냐(Catalunya)에서 투우를 볼 수 없을지도... 카탈루냐 의회의 투우금지법안 통과

2010년 7월 28일 카탈루냐 의회는 시민 18만 명의 서명을 받아 〈입법청원〉 형식으로 제출된 투우금지법안을 찬성 68표, 반대 55표 그리고 기권 9표로 가결하여 큰 논란을 불러 일으켰다. 이 법안은 투우의 잔인성과 동물학대를 이유로 2012년 1월부터 카탈루냐 지방에서의 전면적인 투우금지를 규정하고 있다. 하지만 카탈루냐 지방에서는 투우가 활성화되어 있지 않으며 투우장 역시 외국관광객들이 많이 찾는 바르셀로나의 모누멘딸(La Monumental) 경기장 한 곳만 개장하고 있어 이 법안이 스페인의 전체 투우경기에 큰 영향을 미칠 거라 볼 수는 없다.

이번 법안가결은 스페인뿐만 아니라 국제사회에도 큰 관심을 불러일으켰는데 이는 투우금지가 단순히 동물보호차원을 넘어 카탈루냐 민족주의의 발호라는 '정치적 시각'과 깊이 연관되어 있기 때문이다. 표결에 앞서 카탈루냐의 주요 정당들은 찬반 여부를 의원 개개인의 자유의사에 맡긴 것으로 알려졌으나 막상 그 결과는 좌 · 우파의 이념적 경계가 아니라 지역주의, 분리주의에 대한 입장에 따라 거의 '당론 수준'에서 진행된 것으로 나타났다. 즉 카탈루냐의 자유보수주의 지역정당인 일치와 단결(Convergència i Unió: CiU)과 카탈루냐 공화좌파(Esquerra Republicana de Catalunya: ERC)는 사실상 이번 법안가결을 주도하였지만 사회민주주의 계열의 중도좌파인 카탈루냐 사회당(PSC: Partido de los Socialistas de Cataluña)과 자유보수주의 정당인 국민당(PP: Partido Popular)의원들은 대거 반대표를 행사한 것으로 드러났다.

투우금지법안에 반대표를 행사한 것으로 알려진 PSC의 호세 몬띠야(José Montilla) 주지사는 법안가결 직후 "의회의 결정을 존중하지만 이번 법안가결은 카탈루냐와 스페인의 관계를 평가하는 척도가 되어서는 안 된다"며 의미의 확대해석을 경계하는 발언을 한 것도 이번 법안가결이 앞으로 미칠 정치적 파장을 우려했기 때문이라는 분석이다. 한편 카탈루냐 국민당은 투우가 스페인의 일반적인 대중축제이므로 어느 지방자치단체에서 금지하는 것은 있을 수 없는 일이라고 주장하면서 이 법안을 스페인 상하원으로 가져가 다시 무효화하겠다고 말하고 있어 향후 그 귀추가 주목된다.

체코 맥주[1)]

Berkeley Column

체코 하면 아름다운 도시 프라하, 유럽에서 가장 오래된 돌다리 카를교(1402년), 보헤미아 지방에서 생산되는 크리스탈 제품 등이 떠오른다. 물론 체코 맥주도 빠뜨릴 수 없는 체코인들의 자부심이다. 보통 맥주 하면 독일과 벨기에, 네덜란드 등과 같은 국가들이 생각나지만 체코도 이들 국가 못지않게 맥주의 역사와 전통이 아주 오래된 맥주 강국이다.

세계에서 맥주를 가장 많이 소비하는 나라로는 미국, 중국, 독일 등을 언급할 수 있지만 1인당 맥주 소비량만 놓고 따져보면 체코가 단연 세계 1위이다. 실제로, 2009년 체코인들이 소비한 전체 알코올 중 80%가 맥주였다. 뿐만 아니라 체코의 1인당 맥주 소비량은 161.4리터이고 매일 맥주를 마시는 사람도 전체 인구의 약 16%에 이른다고 한다. 이처럼 체코인들의 맥주사랑은 체코문화의 아주 중요한 부분으로 자리 잡고 있

1) 이 칼럼은 한국외국어대학교 체코어과 김규진, 김신규 교수님의 도움으로 작성되었다.

다. 그래서 체코 사람들은 맥주를 '흐르는 빵'이라고 부르며 일상생활에서도 '저녁을 마신다'라는 표현을 사용한다.

중세 양조장을 개조하여 세계 최초로 맥주박물관을 개관한 나라, 세계 최초로 라거(Larger) 맥주 즉 플젠 맥주(Plzenské Pivo)를 생산한 나라, 일개 맥주공장의 종업원이 일국의 대통령이 된 나라! 이 모두가 체코와 관련된 말이다.

1989년 체코슬로바키아 대통령으로 선출된 바츨라프 하벨(Václav Havel)은 1968년 소련군이 체코를 침공하자 농촌지역에 은둔하면서 맥주양조장 직원으로 일했다. 체코 민주화의 상징이었던 그는 90년대에 호프집에서 정치를 논의했고 대통령이 된 이후에도 사회 각계 인사들을 프라하 시내의 호프집으로 초대해 체코의 현안문제들을 논의했다. 한 예로, 그는 2005년 빌 클린턴(Bill Clinton) 미국 대통령이 체코를 방문했을 때 그를 프라하 시내에 있는 한 재즈클럽인 레두타(Reduta)라는

체코 맥주

곳에 초대했는데, 현재 이곳은 클린턴 대통령이 색소폰을 연주한 곳으로 유명하다.

'황제의 맥주'로 자칭하는 체코의 크루쇼비체(Krušovice) 맥주는 16세기 초 왕실에서 즐겨 마셨던 알코올 도수 최대 3.8%의 순한 흑맥주이고, 라데가스트(Radegast) 맥주는 3년 연속 '올해의 체코 맥주'로 선정되었다. 또한 흑맥주 중에서 가장 인기 있는 코젤(Kozel)은 1995년, 1996년 시카고에서 열렸던 세계 맥주대회에서 금메달을 획득하였다.

그렇지만 뭐니 뭐니 해도 세계에서 가장 널리 알려진 체코맥주는 필즈너 우르켈(Pilsner Urquell)이다.

체코맥주의 수도라 불리는 플젠[Plzěn, 미국 식 표현 필젠(Pilsen)] 지역에서 1842년에 탄생하여 2012년에 탄생 170주년을 맞는 전 세계 라거맥주의 원조인 필즈너 우르켈은 플젠에서 만든 오리지널 필즈너 맥주란 뜻인데, 이 맥주는 우리가 알고 있는 황금빛 맥주의 기원이라고 볼 수 있다. 우리나라에서 생산되는 대부분의 맥주 역시 바로 이 라거맥주이다.

이처럼 19세기 중반에 이르러 체코는 황금빛을 내는 소위 필즈너(Pilsner 혹은 Pils)라 불리는 플젠 맥주를 생산하면서 '맥주의 천국'으로 세상에 알려지기 시작했다.

체코가 전 세계 맥주시장에서 강국으로 도약하게 된 것은 새로운 발효법을 개발하면서부터이다. 전통적으로 체코는 고온발효법을 통해 맥주를 생산했지만 19세기 중반 저온발효법이 개발되면서 기존의 맥주 생산방식은 완전히 바뀌게 된다.

고온발효법은 발효 후 효모가 표면에 떠오를 때까지 약 20~25도의 온도에서 5~6일간 숙성시키지만 저온발효법은 발효 후 효모가 바닥에 가라앉을 때까지 15도의 온도에서 약 3개월 동안 숙성시키는 방법이다. 따라서 체코의 필즈너 우르켈 맥주는 저온발효법으로 생산된 세계 최초의 맥주이다.

많은 사람들은 세계 제1의 판매량을 자랑하는 버드와이저(Budweiser) 맥주를 미국상표로 알고 있지만 사실은 체코의 부드바르(Budvar) 맥주가 그 원조이다. 부드바르 맥주는 체코의 부제요비체(Budějovce) 지역에서 생산되는 맥주를 의미하는데, 지난 100년 동안 미국의 앤호이저 부시(Anheuser Busch)社가 체코 부드바르의 독일식 명칭인 버드와이저라는 이름을 자사 맥주이름으로 사용하였다. 따라서 1970년대 체코정부는 상표권 문제를 제기했고, 결국 1997년 부드바르가 상표권 분쟁에서 승소해 현재 앤호이저 부시社는 '버드(Bud)'라는 이름으로 맥주를 생산하고 있다. 하지만 아직도 두 회사 간의 상표권 분쟁은 지금도 유럽을 비롯한 세계 각국에서 진행되고 있다.

보드카 이야기

Berkeley Column

'3무의 술' 보드카(vodka)는 색과 향과 맛이 없는 무색, 무취, 무미의 술이다. 스코틀랜드의 스카치위스키나 독일의 맥주 그리고 프랑스 와인처럼 보드카 하면 러시아가 떠오른다. 오늘날 우리나라 음주문화에서 일상화된 폭탄주(Bomb Shot)의 유래도 보드카와 연관이 있는데, 제정 러시아 시대 때 시베리아 벌목공들이 혹한을 이기기 위해 보드카를 맥주와 섞어 마신 것이 폭탄주의 시초로 알려져 있다.

술을 좋아하는 러시아인들은 보드카 잔을 들 때마다 '원샷(bottoms up)!'을 할뿐만 아니라 대개는 인사불성이 될 때까지 마신다. 우리나라에서는 건배할 때 보통 "위하여!"라는 말을 많이 하지만 러시아인들은 "쭉 들이켜라, 불행을 남기면 안돼!"라고 말한다.

러시아인의 보드카 사랑은 보리스 옐친(Boris N. Yeltsin) 전 러시아 대통령을 보면 쉽게 알 수 있다. 그는 1994년에 국가원수 자격으로 아일랜드를 방문하지만 술에 만취해 그만 정상회담을 펑크 내고 마는데 이는 세계 외교사에서 전례가 없는 유명한 일화로 남아있다.

미국의 상점에서 판매되는 보드카

러시아의 보드카 도수는 보통 40도이다. 물론 이보다 더 약한 것도 있고 밀주의 경우 50~60도의 아주 독한 것도 있다. 하지만 보드카의 도수를 현재의 40도로 정착시키는데 결정적인 역할을 한 사람은 원소주기율표를 확립한 19세기 러시아 화학자 멘델레프(Dmitrii I. Mendeleev)이다.

당시 보드카의 도수는 일정치 않았지만 1865년 그는 자신의 박사논문 "알코올과 물의 합성에 관하여"에서 40도의 보드카가 가장 이상적임을 밝혀냈다. 즉 물과 알코올 원액의 혼합 비율에 따라 보드카의 맛이 달라진다는 사실을 발견한 그는 끊임없는 과학적 실험을 통해 결국 사람의 몸에 잘 흡수되면서 최고의 술 맛을 내는 40도 보드카를 만들었다.

러시아 보드카의 종류는 아주 다양하지만 그중에서 수도(capital)을 의미하는 스톨리치나야(Stolichnaya)와 러시아 최고급 보드카 벨루가

(Beluga) 등이 유명하다. 물론 러시아만이 보드카를 생산하는 것은 아니다. 스웨덴, 핀란드와 같은 북유럽 국가들은 물론이고 폴란드, 발트 3국과 같은 동유럽 국가들 그리고 몽골, 미국 등과 같은 국가들도 생산하고 있다.

세계적으로 유명한 보드카로는 스웨덴의 압솔루트(Absolut), 핀란드의 핀란디아(Finlandia) 폴란드의 쇼팽(Chopin)과 주브롭카(Zubrowka) 그리고 미국의 스미노프(Smirnoff) 등이 있다.

세계 2위의 보드카 브랜드인 앱솔루트는 병 모양이 독특한데 흔히 병원에서 볼 수 있는 '링거병'을 닮았고 또 핀란디아는 병속의 맑고 투명한 액체를 보이게 하여 차고 순수한 보드카의 이미지를 강조하였다. 폴란드에서는 쇼팽의 이름을 붙인 보드카도 유명하지만 대개는 주브롭카를 즐겨 마신다. 이 보드카에는 '주브르'라고 하는 유럽의 들소 즉 영어로 유러피언 버팔로 사진이 붙어있으며 또한 병 속에는 그 들소가 좋아하는 풀잎 즉 버팔로 그래스(buffalo grass)가 들어 있어 약간 초록색을 띤다.

흥미로운 것은 세계 제1의 보드카 생산국이 러시아나 폴란드가 아니라 미국이라는 사실이다. 또한 현재 6대륙 150여 개국에서 판매되고 있는 세계 제1의 보드카 브랜드인 '스미노프' 역시 미국회사이다. 스미노프는 원래 표트르 스미르노프(Piotr Smirnov)라는 러시아인이 자신의 이름을 따서 생산한 것으로 1886년 알렉산드르(Aleksandr) 3세 때 황실에 납품된 러시아 최고의 보드카였다. 하지만 1917년 볼셰비키 혁명 이후 프랑스에서 생산될 때에는 러시아식 이름인 'Smirnov'가 프랑스식인 'Smirnoff'로 바뀌었고 또 1938년에는 우여곡절 끝에 미국회사에 넘어갔다.

요즘 보드카의 본고장인 러시아에서도 맥주가 인기를 끌고 있다고 한다. 러시아의 맥주소비량은 독일을 제치고 현재 중국, 미국에 이어 세계 3위이다. 반면 보드카의 시장 점유율은 90년대 80% 이상이던 것이 현재는 40% 수준에 머물러 있다.

러시아인들이 맥주를 선호하게 된 이유는 사망에까지 이를 수도 있는 가짜 보드카가 90년대 러시아 시장에 대량 유통된 것도 원인중 하나지만 이 분야 전문가들에 의하면 일반적으로 신흥시장의 경우 독주보다 맥주의 소비가 증가한다고 한다. 즉 후진국에서는 알코올 도수가 높은 주류를 많이 찾지만 생활수준이 향상되면서 상대적으로 순한 맥주를 선호한다는 의미이다.

그동안 독주를 마시며 혹한을 이겨내는 강인한 이미지의 러시아인들도 국가경제수준이 높아지면서 점차 건강 쪽으로 많이 생각하는 것 같다.

와인과 디오니소스

와인의 어원은 산스크리트어로 '사랑받는' 이라는 의미의 '베나(vena)'이다. 지구상에 존재하는 포도품종은 1만 여종에 이르며 그중 300여종이 와인을 만드는데 사용된다고 한다. 야생 포도나무는 약 2백만 년 전부터 지구상에 존재했지만 인류가 포도주를 마시기 시작한 것은 1만 년 전인 신석기시대로 거슬러 올라간다. 하지만 이것은 자연 상태에서 발효된 포도주였고, 인류가 직접 와인을 만들기 시작한 것은 약 7천 년 전 흑해연안에 위치한 나라 조지아(Georgia)이다.

예로부터 와인은 '약인 동시에 독'으로 간주되었다. 기원전 5세기경 히포크라테스(Hippocrates)는 와인이 원기회복에 탁월하며 살균과 이뇨 작용에 효능이 있다고 언급했고 그 이후 와인은 환자들에게 치료목적으로 사용되기도 했다. 예수가 최후의 만찬에서 '마시라. 이것은 나의 피이니라'라고 말한 것처럼 18세기까지만 해도 사람들은 와인이 사람의 몸속으로 들어가면 피가 된다고 믿었다.

소크라테스(Socrates)는 와인을 '꺼져가는 불꽃에 기름과 같은 것'이

프랑스 와인 '로마네-꽁띠(Romanée-Conti)': 세계에서 가장 비싼 와인 중 하나로 특히 2005년산의 경우 한 병에 1만 2,500유로, 우리 돈으로 약 2,000만원에 달한다.

라고 말했고 플라톤(Plato)은 '신이 인간에게 준 최고의 선물'이라 극찬했다. 와인의 나라 프랑스에서는 와인이 없는 식사를 '태양이 없는 하루'로 비유하며 레드와인을 '노인의 우유'라고 부르기도 한다. 이외에도 프랑스 속담에는, '9월의 와인은 여자를 눕게 한다'는 말도 있다.

와인을 이야기 할 때 빼놓을 수 없는 것이 바로 디오니소스(Dionysos)이다. 1872년 니체(Nietzsche)는 그리스 비극의 근원을 논한 자신의 저서 '비극의 탄생'에서 예술적 충동의 유형을 아폴론적인 것과 디오니소스적인 것으로 나누었다. 태양의 신인 아폴론이 절제, 이성, 균형 그리고 조화와 질서를 상징한다면 와인의 신인 디오니소스는 도취, 무질서, 본능, 광란 등을 상징하고 있다.

아폴론은 올림포스(Olympus) 신전의 12주신(主神) 중 하나로 제우스(Zeus)와 레토(Leto)의 아들이었다. 이에 반해 디오니소스는 처음에는

12주신에 포함되지 않았으나, 불과 화덕의 여신 헤스티아(Hestia)가 빠지면서 그 반열에 올랐다. 어쨌든 그리스 신화의 최고의 신인 제우스와 테베의 공주 세멜레(Semele) 사이에서 태어난 디오니소스는 그리스의 신 가운데 유일하게 신과 인간 사이에 태어난 신이다.

제우스의 본 부인인 헤라(Hera)는 제우스와 세멜레의 관계를 알게 된 후 질투심에 불타 계략을 꾸민다. 어느 날 헤라는 세멜레를 키웠던 늙은 유모로 변신해 세멜레를 찾아가 제우스가 가짜일 수 있으니 제우스가 천상에 있을 때의 신 본연의 모습을 꼭 확인해야 한다고 말한다. 헤라의 간계에 넘어간 세멜레는 제우스에게 청했고 제우스도 선뜻 응했다. 하지만 인간인 세멜레는 제우스가 신의 모습을 드러내자 엄청난 광휘 때문에 순식간에 새카맣게 타 죽고 만다. 그런데 세멜레의 몸속에는 작은 생명이 잉태되고 있었다. 제우스는 세멜레의 자궁에서 아기를 끄집어내어 자신의 넓적다리에 넣고 금실로 꿰맸고, 그 후 태어난 아기가 바로 디오니소스였다. 제우스는 헤라 몰래 디오니소스를 니사(Nysa)의 님프(Nymph, 요정)의 손에 자라게 했다.

디오니소스는 니사에서 성장하는 동안 포도를 발견하고 술을 빚는 방법도 알게 되었다. 하지만 뒤 늦게 디오니소스의 존재를 알게 된 헤라는 디오니소스에게 광기를 불어넣어 세상을 떠돌게 하였다. 비록 여신 레아(Rhea)가 그의 광기를 치료해 주었지만 이후에도 디오니소스는 이집트와 시리아 등 아시아 전역을 방랑하면서 가는 곳미다 포도 재배법과 포도주 빚는 법을 가르쳐 주었다.

태생부터 신과 인간의 양면성 때문에 디오니소스는 와인을 통해 하늘과 땅을 연결하는 운명을 떠맡게 되었다. 디오니소스처럼 와인 또한 양면성을 가지고 있는데, 비록 와인이 사람의 가슴을 뜨겁게 만들어 용기와 자신감을 불어넣어 주기도 하지만 취기가 만들어내는 광기 때문에 자제력을 잃고 짐승처럼 난폭해지기도 한다.

와인과 관련하여 다음과 같은 디오니소스 신화가 전해져 내려오고 있다. 어느 날 길을 가던 디오니소스는 나뭇가지 하나를 발견하고는 이를 주워 새의 뼛속에 넣어두었다. 그리고는 이를 다시 사자의 뼛속에 옮겨 놓았다가 마지막으로 당나귀의 뼛속에 감추어 두었다. 그 이후 이 나뭇가지는 닉소스(Naxos: 그리스의 섬)에 심어져 최초의 포도나무로 자라났고 그 열매로 와인이 만들어진 것이다. 그래서 와인을 마시면 사람들이 처음에는 새처럼 재잘대다가 시간이 지나면서 서서히 사자처럼 난폭해지며 마지막으로 당나귀처럼 우매해진다고 한다.

새는 그렇다 치고라도 사자나 당나귀처럼 되지 않기 위해서라도 술을 마실 때는 절제의 미가 있어야 할 것이다.

가수 장미화의 "지금이 제일 좋을 때"

지난 시절의 추억을 떠올리는데 노래만큼 좋은 게 없을 성 싶다. 필자는 80년대에 대학시절을 보낸 소위 말하는 386세대다. 70~80년대에 대학생들에게 인기가 많았던 MBC 대학가요제나 강변가요제는 당시 우리나라 젊은이들의 낭만과 열정을 의미했다. 그래서 1977년 제1회 MBC 대학가요제 대상을 받은 샌드 페블즈(Sand Pebbles)의 '나 어떡해'와 휘버스(Fevers)의 '그대로 그렇게', 건아들의 '젊은 미소' 등과 같은 노래는 지금 중년이 된 386세대의 마음속에 아름다운 추억과 낭만으로 남아있다.

필자는 요즘 장미화씨가 최근 발표한 '지금이 제일 좋을 때'라는 노래를 좋아한다. 건아들의 멤버였던 송광수씨가 작곡한 노래라서 그런지 80년대 그룹사운드 특유의 음색이 좋고 노래가사도 지난 젊은 시절의 추억을 불러일으킨다.

1절) 그땐 나의 최선이었다/ 이대로 후회를 말자/ 곧 죽어도 내일은 내일이야기/ 서둘러 걱정을 말자/ 마음이 가는대로 몸을 맡긴 채/ 내 인

가수 장미화씨와 아들

생 내 뜻대로 살아도 봤다/ 먼 훗날 또 어떻게 말할까/ 지금이 제일 좋을 때다/ 꼭 잡고 싶었던 그날의 기쁨도 모두가 흘러가지 2절) 사랑했다 이별도 했다/ 하지만 어쩔 수 있나/ 애를 쓰고 우겨 봐도 연이 아닌 걸/ 아니면 할 수 있나/ 마음이 가는대로 몸을 맡긴 채/ 내 인생 내 뜻대로 살아도 봤다/ 먼 훗날 또 어떻게 말할까/ 지금이 제일 좋을 때다/ 죽을 것 같았던 그날의 슬픔도 모두가 흘러가지/

며칠 전 필자는 KBS 별관 옆 한 카페에서 가수 장미화씨를 만났다. 마침 작사가 박정란씨도 함께 나와 있어 가사의 내용에 대해서도 이런 저런 이야기를 나누었다.

장미화씨는 1965년 'KBS 가수발굴 노래자랑 탑싱어 선발대회'에서 대상을 수상하며 가수로 데뷔한 이후 지금까지 '안녕하세요' '봄이 오면(Hello-A)'등 수많은 히트곡을 남긴 우리나라 최고의 가수이다. 하지만 이혼과 함께 사업실패로 한때 자살까지 생각했었다고 한다. 인생의 종점이라 생각했던 절망 속에서 그는 자신보다 어려운 4명의 소년소녀가장들을 만나게 되었고 이후 근 10년 동안 이들을 보살펴 주면서 인생의 의미를 다시 배웠다고 한다.

현재 장미화씨는 사회공익비영리단체인 '장미화의 아름다운 손길' 대표로 있으면서 사회봉사활동을 병행하고 있다. 지난 10년 동안 장미화씨는 소년소녀가장 돕기 디너쇼와 알뜰 바자회 등을 통한 수익금으로 주위의 불우한 사람들을 돕고 있는데 특히 어린이날과 어버이날에는 지자체와 연계해 소년소녀가장과 독거노인들을 위한 무료공연을 하는 등 '한국의 대표적인 선행가수'로 제2의 인생을 살고 있다. '죽는 날까지 독거노인과 소년소녀가장을 돕고 싶다'고 말하는 장미화씨의 모습에서 완숙한 아름다움을 느꼈다.

대화 도중 작사가 박정란씨에게도 이 곡을 창작하게 된 계기에 대해 물어보았다. 그런데 뜻밖에도 어니 젤린스키(Ernie J. Zelinski)의 책 '느리게 사는 즐거움(Don't Hurry, Be Happy)'을 읽고 난 이후에 이 곡을 작사했다고 한다.

한국의 독자에게도 널리 알려져 있는 젤린스키는 우리가 가지고 있는 근심의 유형에 대해 언급한 캐나다의 베스트셀러 작가이다. 젤린스키에 의하면, 우리가 하는 걱정의 40%는 절대 일어나지 않을 것에 대한 것이고, 30%는 이미 일어난 일에 대한 것이며, 22%는 고민할 필요까지는 없는 사소한 것들 그리고 4%는 우리의 힘으로는 어찌할 도리가 없는 일에 대한 것이라고 한다. 뿐만 아니라 젤린스키는 마지막 남은 4%만이 우리가 바꿔놓을 수 있는 일 즉 우리가 대처할 수 있는 진짜 사건에 대한 것이라고 언급하고 있다.

젤린스키가 한 말을 종합해보면 우리가 걱정하는 일들의 96%가 쓸데없는 걱정이라는 뜻이다. 그리고 우리가 해결할 수 있는 4%의 일들에 대해 걱정하는 것도 쓸데없긴 마찬가지인데, 이유인 즉 노력 여하에 따라 해결할 수도 있기 때문이다.

결국 우리가 어찌할 수 없는 일들에 대해 걱정하는 것은 우리가 그것을 어찌할 수 없으니 쓸데없는 것이고 또 우리가 해결할 수 있는 일에 대해 걱정하는 것도 우리의 노력과 실행여부에 따라 그것을 해결할 수 있으니 쓸데없는 일인 셈이다.

이 책에서 젤린스키는 '다른 사람들이 뭐라고 하든, 어떻게 생각하든 개의치 말고 심지어 어머니가 당신을 사랑하는 것보다도 더 당신 자신을 사랑해야한다'고 언급하면서 '언제나 삶을 당신 자신과 연애하듯 살라'고 조언하고 있다.

Berkeley Column

화산이 만든 신비의 호수: **크레이터 레이크**

2010년 6월 중순 오리건(Oregon) 주에 있는 크레이터 레이크(Crater Lake)에 가볼 기회가 있었다. 미국에 온 후 처음으로 여행한 곳이라 그런지 호수의 신비함에 금방 매료되었다. 특히 우리 민족의 영산(靈山)인 백두산 천지(天池)와 비슷해 두 호수에 대한 더 정확한 정보를 알고 싶었다.

크레이터 레이크

크레이터 레이크

오리건 주에서 유일한 국립공원인 크레이터 레이크 공원은 약 7,700년 전 마자마(Mazama, 3,660m)산이 대폭발하면서 생긴 칼데라(caldera)호, 즉 크레이터 레이크 호수를 중심으로 지정된 곳이다.

이 호수가 처음으로 세상에 알려진 건 1853년 6월 12일, 금광을 찾던 존 힐만(John Wesley Hillman)을 포함한 3명의 탐험가들이 이곳에 도착하면서 부터이다. 그들은 이 거대한 호수를 보고 "우리가 본 것 중 가장 푸른 호수(This is the bluest lake we've ever seen.)"라고 언급했으며, 호수의 이름도 '깊고 푸른 호수 (Deep Blue Lake)'라고 지었다. 하지만 당시 금광을 찾는데 혈안이었던 그들은 이내 이 호수의 존재를 잊고 만다.

그 후 1865년, 인근에 주둔하고 있던 미군이 이 호수를 다시 발견하면서 세상에 그 위엄을 드러낸다. 그 후 호수의 이름은 '푸른 호수(Blue Lake)' 그리고 '장엄한 호수(Lake Majesty)'로 바뀌었고 결국에는 '크레이터 레이크(Crater Lake)'로 명명되었다.

최대 깊이가 594m인 크레이터 레이크는 미국에서 제일 깊은 호수일 뿐 아니라 세계에서도 7번째이다. 이 호수의 규모는 백두산 천지보다 5.76배 크고 호수의 전체 둘레도 32.4km나 되어 천지의 2.6배에 해당한다.

크레이터 레이크의 호수 물은 수천 년 동안 오로지 비와 산 위에 쌓인 눈이 녹아 호수에 채워졌기 때문에 세계에서 가장 깨끗한 호수 중 하나이다.

원래 크레이터 레이크와 백두산 천지에는 물고기가 없었다고 한다. 하지만 크레이터 레이크에는 1888년부터 1942년 사이에 방사된 여러 종류의 물고기 중에서 무지개 송어와 연어만이 살아남아 서식하고 있고 백두산 천지에는 1984년 북한이 방사한 천지산천어가 서식하고 있다.

또한 천지에는 물이 흘러나가는 달문(闥門)이라는 출수구가 있어 여기서부터 호수 물이 흘러내려 장백폭포를 이루면서 그 이후 쑹화강으로 유입되지만 크레이터 레이크는 출수구가 없어도 수면이 높아지지 않는

호수 물을 페트병에 담아서

특징을 가지고 있다. 이유인 즉, 1년 중 수증기로 증발되는 양만큼 눈과 비에 의해 채워지기 때문이다.

6월 중순인데도 크레이터 레이크에는 눈이 내렸다. 밤에는 너무 추워 두꺼운 외투를 겹쳐 입고도 통나무집(cabin) 밖에서 3분 이상 서 있기 힘들었다. 다음 날 새벽, 호수로 올라가 '산 위 호수에서의 일출'을 감상했다. 일출의 장관을 본 후 숙소로 내려와 아침 식사를 간단히 하고 다시 호수로 올라갔다. 호수의 남쪽은 햇빛이 내리 쬐여 따스한 봄날 같아 눈을 찾아볼 수 없었다. 하지만 조금 더 돌아가다 보면 비가 내리면서 먹구름이 잔뜩 끼어 있었고 또 그 반대쪽을 돌아갈 때면 진눈깨비가 세차게 휘날리면서 어른 키 두 배 높이의 눈이 쌓여있었다. 마치 같은 시간과 공간 속에서 춘하추동(春夏秋冬)이 공존하는 느낌이었다.

자동차로 호수 주위를 도는 림 드라이브(Rim Drive)는 도로위에 쌓인 눈 때문에 일부구간 통제되어 호수 전체를 돌 수 없었지만 시시각각 변하는 변덕스런 날씨에 경외감까지 들었다. 이윽고 자동차를 주차하고 오솔길(trail)을 따라 호수면으로 내려갔다. 점점 가까이 다가오는 호수의 신비한 빛깔에 발걸음을 더욱 재촉했다. 크레이터 레이크를 소개하는 책자에는 호수의 물 색깔을 '강렬한 블루(intense blue)' 즉 '눈이 시리도록 푸르른 색'으로 언급하고 있다. 하늘의 구름과 주위 환경이 변함에 따라 호수의 색깔도 같이 변해 잠시도 호수에서 눈을 뗄 수 없었다. 보트가 정박해 있는 호수면에 도착하자마자 물속을 살펴보고는 단숨에 그 호수 물을 들이켰다. (캬~아!) 세상에서 가장 푸르고 가장 깨끗한 물이었다.

백두산 관광이 시작된 이후, 언젠가 TV방송에서 우리나라 사람들이 통일을 기원하며 백두산 천지의 물을 떠다 한라산 백록담에 붓고는 제를 올리는 것을 본 적이 있다. 그래서 필자도 크레이터 레이크의 신성한 물을 작은 페트병에 여러 병 떠서 그동안 알고 지내던 고마운 분들에게 하나씩 나눠주었다.

Berkeley Column

넥타이와 노타이

1990년대 유고슬라비아의 분열 이후 형성된 6개의 국가 중 하나인 크로아티아(Croatia)는 1998년 프랑스월드컵에 처음 출전하여 3위에 입상해 우리에게 축구강국이라는 강한 인상을 주었으며 또한 최근에는 크로아티아의 국회의원이면서 종합격투기 선수인 크로캅(Mirko CroCop)을 통해 널리 알려졌다.

현재 서구 유럽 사람들은 크로아티아의 아드리아 해변(Adriatic Sea)을 유럽 최고의 여름 휴양지로 꼽고 있다. 이곳을 여행하다보면 다른 유럽 국가들과는 구별되는 크로아티아만의 독특하고 이국적인 자연환경에 금방 매료된다.

크로아티아에는 유네스코가 지정한 6개의 세계문화유산이 있고 그중 '아드리해의 진주'로 불리는 고내도시 두브로브니크(Dubrovnik)와 플리트비쩨 호수국립공원(Plitvice Lakes National Park)이 유명하다.

사실 크로아티아 문화는 우리의 일상생활에서 쉽게 찾아볼 수 있다. 영화 '101마리의 달마시안'에서 나오는 점박이개의 고향이 크로아티아의 달마치아(Dalmacija) 지방이고 넥타이의 실질적인 역사도 크로아티아에서 시작된다.

원래 넥타이의 유래는 고대 로마시대로 거슬러 올라간다. 로마에 있는 트라야누스 황제의 승전 기념비인 '트라야누스 원주(Trajan's Column)'에는 로마병사들의 야영모습이 새겨져 있는데, 이들이 목에 두르고 있는 스카프의 일종인 '포칼(focal)'이 바로 넥타이의 기원이다.

고대 로마병사들은 이 스카프를 가지고 혹독한 추위로부터 자신들의 목을 보호한 동시에 무더운 여름철에는 더위를 식히기 위해 스카프에다 찬물을 적셔 목에 감았다. 하지만 이는 패션과는 거리가 먼 것이었기 때문에 이내 사람들의 기억에서 잊혀지고 만다.

역사의 뒤안길로 사라졌던 스카프가 목을 감는 패션으로 다시 부활한 것은 17세기 프랑스 루이(Louis) 13세 때이다. 1635년 크로아티아 군인들은 루이 13세에 의해 용병으로 고용되어 파리를 행진하는데, 당시 그들이 목에 두른 스카프는 파리지앵(parisien)들의 호기심

트라야누스 원주 [출처: 구글]

샤를 르 브룅(Charles Le Brun)이 그린 루이(Louis) 14세 초상화 [출처: 구글]

을 자극하였다. 그 후 루이 14세는 크로아티아 용병들의 통일된 모습에 매료된 나머지 왕실 신료 의상실에 명을 내려 최고급 스카프를 제작케 한 후 그것을 직접 착용하기 시작하였다. 당시 유럽에서 가장 영향력이 있어 '태양왕' 혹은 '대왕'으로 불렸던 루이 14세가 스카프를 착용하자 이는 새로운 패션으로 선풍적인 인기를 불러일으켰다.

이 새로운 스카프는 프랑스어로 '크라바트(cravate)'라고 불렀는데 이것은 크로아티아 사람을 의미하는 단어 〈크로아뜨(Croate)〉에서 유래한다.

유럽 문화의 중심지인 파리에서 시작된 크라바트의 열풍은 1660년대 중반 영국에 상륙했는데 특히 영국의 찰스 2세가 귀족들에게 궁정 내에서의 크라바트 착용을 강요하면서 순식간에 영국의 상류사회로 퍼져나갔다.

따라서 영국에서는 크라바트라는 말 대신 '목에 맨다'는 의미의 넥타이(necktic)라는 새로운 어휘가 탄생하였다. 뿐만 아니라 18세기에 들어와서는 '넥타이의 아버지'로 불리는 버우 브러멜(Beau Brummel)이 넥타이의 길이와 무늬 그리고 폭에 따라 다양한 형태로 변형, 발전시켰다. 또한 이 시기에는 넥타이에 장식용 핀이 사용되었는데 이는 훗날 넥타이

기네스북에 오른 세계에서 가장 큰 넥타이 [출처: 구글]

핀의 전신이 되었다.

오늘날 세계의 남성들이 착용하는 가장 일반적인 형태의 넥타이로서, 매듭을 만들어 길게 늘어뜨리는 포 인 핸드(four in hand: 매었을 때 길이가 주먹의 4배) 넥타이가 등장한 것은 1860년대이다.

넥타이는 한때 상류계급을 상징했지만 요즘 들어서는 그 위상이 말이 아니다. 2008년 자료에 의하면 1980년대 120개에 달했던 미국의 넥타이 제조업체 수가 25개로 줄어들었고 또 매일 넥타이를 착용하는 미국 남성도 전체 인구의 6%에 불과하다고 한다. 우리나라 상황도 비슷하긴 마찬가진데, 지구온난화와 고유가로 인한 에너지 절약운동 차원에서 한국에서도 '쿨비즈 룩(Cool-Biz Look)'이 유행하면서 삼성을 비롯한 많은 대기업들이 노타이를 선언하였다. 행정안전부도 2009년에 '공무원 복장 관련 지침'을 마련하여 자유롭고 편안한 차림으로 근무하는 것을 적극 권장하고 있다.

대학도 비슷하다. 유럽은 물론 버클리대학교(UC Berkeley) 교수들도 청바지 차림에 노타이를 하고 강의를 하는 모습을 자주 보게 되는데, 중세 때 귀족들의 자존심이었던 넥타이가 환경과 능률화라는 시대적인 흐름을 역행할 수는 없는가보다.

다뉴브강의 진주: 부다페스트

Berkeley Column

핀란드, 에스토니아처럼 헝가리는 유럽에 있지만 민족의 뿌리가 아시아계통인 나라이다. 헝가리인은 아시아의 우랄(Ural) 산맥 부근에서 유럽으로 이동했고 896년 현재의 헝가리 지역에 마자르(Magyar) 왕국을 건설했다.

부다페스트 전경

헝가리는 지금까지 14명의 노벨상 수상자를 배출한 과학기술강국이다. 세계에서 처음으로 비타민C를 추출한 사람도 헝가리인(1937년 노벨의학상)이고 볼펜, 성냥, 큐브(Rubric's Cube), 컴퓨터의 기초원리, 레이저 광선을 이용하는 입체사진술(holography), 가스램프, 변압기, 수소폭탄, 헬리콥터 프로펠러의 디자인 및 개발(1928년 시험비행 성공), 아폴로 우주선의 달 탐사선 등도 헝가리인들에 의해 세계 최초로 개발되었다.

헝가리는 유럽의 중심부에 위치하고 있으며 수도 부다페스트도 다뉴브강의 중류에 자리 잡고 있다. 한강이 서울의 남북을 가르고 있다면 다뉴브강은 부다페스트를 동서로 가르고 있다. 다뉴브강을 기준으로 서쪽은 언덕과 산으로 이루어진 부다(Buda) 지역이고 동쪽은 평지인 페스트(Pest) 지역인데 이들 두 지역이 합쳐진 이름이 바로 부다페스트(Budapest)이다.

역사적으로 볼 때 부다페스트는 1872년에 형성된 도시지만 그 유래는 기원전으로 거슬러 올라간다. 온천수로 유명한 이곳은 기원전 켈트족이 거주했으며 로마제국의 지배하에 들어간 서기 2세기에는 로마 귀

다뉴브강 전경

족들의 휴양지이기도 했다. 그 후 16세기에는 동로마제국을 무너뜨린 터키제국이 헝가리를 침공해 약 150년간 지배하는데 이때 터키인들은 부다 지역에 터키식 온천을 개발하였다. 이처럼 부다페스트는 시내 곳곳에 무려 100여개의 온천이 있는 유럽 제일의 온천도시이며 스페인의 안달루시아 지방과 더불어 유럽에서 집시음악이 가장 유명한 곳이기도 하다. 흥미로운 것은 세계에서 규모가 가장 큰 집시 심포니 오케스트라가 부다페스트에 있다는 사실이다. 100명의 연주가들로 구성되어 있는 이 오케스트라는 악보 없이 연주하는 것으로 유명하다.

다뉴브강과 어우러져 아름다운 광경을 자랑하는 부다페스트는 1987년 도시자체가 아예 세계문화유산으로 등록되었다. 부다페스트가 아름다운 도시로 변하게 된 것은 19세기 말 헝가리 정부가 건국 1,000년을 기념하여 시내 곳곳에 로만, 고딕, 네오 클래식, 네오 바로크, 네오 르네상스, 아르누보 등 다양한 양식의 건축물을 세움으로써 이루어졌다. 부다페스트에는 유명한 건축물이 너무 많아 일일이 언급할 수 없지만 그 중에서도 빼놓을 수 없는 것이 유럽 최고의 건축물로 간주되는 네오고딕 양식의 국회의사당 건물과 영화 '글루미 선데이(Gloomy Sunday)'의 배

부다(Buda)성 야경

경이 되었던 아름다운 죽음의 다리 란츠히드(Lánchíd, 1849)이다. 밤마다 화려한 조명을 밝히는 란츠히드는 영화 속의 주인공들이 사랑을 속삭이는 장소인 동시에 죽음의 공간으로 자주 등장하는 곳인데, 이 다리를 건설하기 위해 자신의 1년 수입을 기부한 헝가리의 백작 이름을 따서 시체니(Széchenyi) 다리라고 부르기도 한다.

사실 부다페스트는 세계문화유산이라는 칭호가 전혀 손색이 없을 정도로 유럽에서 가장 아름다운 도시 중 하나이다. 그래서 부다페스트는 한 해 5,000만 명 이상의 관광객들이 찾는 세계적인 관광도시로 변모했다.

부다페스트를 여행하면서 가장 인상적이었던 것은 다뉴브강 주변의 황홀한 야경이다. 유럽에서는 파리의 센강과 프라하 카를교 주위의 야경이 유명한데 부다페스트의 야경 역시 유럽문화의 젖줄인 다뉴브강의 여유로움 속에 그 화려함과 웅장함이 배어난다. 비오는 날 다뉴브강을 오가는 유람선 위에서 감미로운 클래식 음악과 함께 토카이 와인(Tokay Wine: 헝가리 와인)을 마시며 도심의 야경을 바라볼 때면 부다페스트가 다뉴브 강의 진주임을 금방 실감한다.

지난 2010년 티베트의 정신적 지도자인 달라이 라마(Dalai Lama)가 부다페스트의 명예시민이 되었다. 또한 미국의 영화배우 안젤리나 졸리(Angelina Jolie)도 부다페스트에 새 보금자리를 마련하였다. 사실 부다페스트는 우리나라와도 깊은 인연이 있는 도시이다. 애국가를 작곡한 고 안익태 선생이 리스트(Liszt) 음대에서 3년 동안(1938~1941) 헝가리 정부장학생으로 유학한 사실이 밝혀졌기 때문이다. 그래서 지난 2009년에는 한·헝 수교 20주년을 기념하여 유학시절 안익태 선생이 머물렀던 부다페스트 대학교(ELTE) 기숙사 정원에 선생의 흉상이 건립되었다.

Berkeley Column

아름다운 죽음의 다리 **란츠히드**와 〈글루미 선데이〉

세계 어느 도시를 가 봐도 그곳을 대표하는 상징물이 있다. 파리의 에펠탑 뉴욕의 자유의 여신상 등이 대표적인 예이다. 부다페스트를 상징하는 건축물은 란츠히드(Lánchíd)인데 란츠와 히드는 각각 체인(chain)과 다리(bridge)를 뜻한다. 이 다리가 부다페스트의 상징물이 된

란츠히드 다리

란츠히드 다리 야경

것은 다뉴브강과 어우러진 아름다운 야경 때문이기도 하지만 이곳을 배경으로 촬영된 헝가리의 대표적인 영화 '글루미 선데이(Gloomy Sunday)'의 명성 덕분이기도 하다. 해질 무렵, 마치 영화 속의 주인공처럼 이 다리의 아름다운 야경을 보고 있노라면 화려함을 넘어 슬픔을 느낄 정도이다.

1849년에 완공된 이 다리는 서울의 남북을 처음으로 연결하는 한강철교(1900년)처럼 부다와 페스트를 잇는 최초의 다리인데 다리 양쪽에 있는 4마리 사자상 때문에 '사자다리'라고도 한다.

세상의 아름다운 건축물들이 다 그런 것처럼 이 다리 역시 전해져 내려오는 전설이 있다. 전설에 따르면 다리가 완공된 후 개통식이 열렸는데 사자상을 만든 조각가가 자신의 작품이 완벽하다고 공언하면서 만약 사자상에 조그만 흠이라도 있으면 다뉴브강으로 뛰어 내리겠다고 말했다. 그런데 그곳에 참석한 어떤 사람이 사자상에 혀가 없다고 말했고 이에 그 조각가는 강 아래로 뛰어 내렸다고 한다. 전설의 내용처럼 사자상에는 실제로 혀가 없는데 어쨌든 이 다리에 얽힌 죽음의 모티프는 영화 글루미 선데이에서도 재현된다.

아름다운 부다페스트를 배경으로 사랑과 죽음을 주제로 한 영화 〈글루미 선데이〉는 제2차 세계대전 전후에 있었던 실화에 바탕을 두고 있다.

영화의 내용을 살펴보면 1999년 가을 부다페스트에 온 한 대사가 써보(Szabó) 레스토랑에서 식사를 하면서 악사들에게 글루미 선데이라는 노래를 주문한다. 음악이 흐르면서 그는 피아노위에 놓인 한 아름다운 여자사진을 보고는 돌연 심장이 멎어 숨을 거둔다. 그리고 영화 속의 이야기는 글루미 선데이의 아름다운 바이올린 선율과 함께 60년 전인 1930년대로 거슬러 올라간다.

유태인 출신의 레스토랑 주인 라슬로(Szabó László)는 자신의 연인이자 종업원인 아름다운 미모의 일로너(Varnai Ilona)와 함께 레스토랑에서 같이 일할 피아니스트 언더라시(Aradu András)를 고용하는데 이때부터 일로너와 언더라시의 운명적 사랑이 시작된다.

일로너의 생일날, 가난한 아마추어 작곡가 언더라시는 자신이 작곡한 노래 글루미 선데이를 그녀에게 선물한다. 그런데 바로 그날 저녁 독일 청년 한스도 일로너에게 청혼한다. 청혼을 거절하는 일로너. 글루미 선데이의 아름다운 선율을 되뇌며 한스는 다뉴브강에 몸을 던지고 그런 그를 라슬로가 구한다. 그 후 한스는 라슬로에게 은혜를 잊지 않겠다고 말하고 독일로 떠난다.

영화 글루미 선데이 [출처: 구글]

일로너와 라슬로 그리고 언더라시 사이에 뒤엉켜있는 사랑의 구조는 불안한 상태에서 계속 유지되지만 한스가 독일군 장교가 되어 다시 부다페스트로 돌아오면서 급격히 해체된다. 한스의 임무는 유태인을 아우슈비츠 수용소로 보내는 것이었다. 한때 한스를 구한 유태계의 라슬로 역시 예외일 순 없었다. 냉혈인간이 되어버린 한스는 더 이상 과거의 그가 아니었다. 라슬로를 구하기 위해 일로너도 한스를 찾지만 그는 일로너의 육체에만 관심이 있었다. 모든 것이 수포로 돌아가자 일로너는 사랑하던 언더라시와 라슬로를 죽음으로 내몬 한스에게 복수하기 위해 60년을 기다린다. 그리고 영화는 다시 처음 장면으로 되돌아간다. 일로너는 부다페스트 대사로 부임한 한스의 80세 생일파티가 써보 레스토랑에서 열린다는 얘기를 듣고 난 후 그의 음식에 독약을 넣어 복수함으로써 이 영화는 끝난다.

1935년 헝가리 작곡가 레조 세레쉬(Rezső Seress)가 작곡한 노래 글루미 선데이는 영화보다 더 유명세를 치렀다. 이 곡이 처음 발표된 이후 3일 동안 부다페스트에서 5명이 자살한 것을 시작으로 8주 만에 187명이 자살했다. 미국의 젊은이들도 이 곡을 듣고 허드슨 강(Hudson River)으로 뛰어내렸다. 결국 BBC를 비롯한 세계 여러 방송국은 이 곡을 금지곡으로 지정했다. 하지만 1939년 제2차 세계대전이 발발하자 죽음의 노래 글루미 선데이는 세인들의 기억 속에서 점점 잊혀져 갔다.

이 곡이 '자살을 부르는 노래'라는 불명예에 마침표를 찍은 것은 1968년 1월 7일 작곡가 레조 세레쉬의 자살이었다. 당시 우울증을 앓고 있던 그는 향년 78세의 나이에 자신의 아파트에서 투신하였다.

루더쉬 온천과 구야쉬 그리고 토카이(Tokay)와인

Berkeley Column

몇 년 전 국제학술대회 참석차 부다페스트에 들렀다. 사실 부다페스트에는 보고 듣고 먹고 마시고 할 게 너무 많다. 그래서 학술대회가 끝나자마자 한국외대 헝가리어과 유진일 교수의 안내로 부다 성(Buda Castle)과 어부의 요새(Fisherman's Bastion) 등을 둘러보고 난 이후 곧바로 루더쉬(Rudas) 온천으로 향했다. 유럽 제일의 온천도시답게 부다페스트 시내에는 100여개의 온천이 있는데 그 중 바로크 양식의 시체니(Széchenyi) 온천이 유명하다. 이 온천은 일본의 벱뿌 온천 다음으로 세계에서 2번째로 큰 온천인데 실제로 보면 외관

루더쉬 온천: 중세 때 천장에 구멍을 뚫어 사연광을 이용하였다. [출처: 구글]

이 웅장하고 화려해 중세 왕궁을 보는 듯하다. 하지만 시체니 온천을 뒤로하고 16세기 때 터키인들이 개발한 루더쉬 온천으로 발길을 돌렸다. 이 온천은 아직도 중세그대로의 모습을 지니고 있는 대표적인 유황 온천이다.

저녁 무렵 헝가리에서 제일 유명한 군델(Gundel) 레스토랑에 도착했다. 영화 글루미 선데이(Gloomy Sunday)의 촬영 장소였던 이곳에서 헝가리 전통음식인 구야쉬(Gulyás)를 주문했다. 원래 구야쉬란 말은 '소치는 목동'을 의미한다. 헝가리 주변국인 체코와 독일 그리고 오스트리아에도 굴라시(Goulash)라는 음식이 있지만 이는 헝가리 구야쉬에서 유래된 것으로 구야쉬가 수프와 비슷하다면 굴라시는 걸쭉한 스튜에 가깝다.

군델 레스토랑

군델 레스토랑 내부

과거 헝가리 목동들의 주식이었던 구야쉬는 우리나라 육개장과 비슷하다. 구야쉬를 요리할 때 사용하는 고기는 헝가리 회색소의 사태부분(다리)인데, 이 소는 주로 우랄산맥에서 서식하지만 헝가리에도 있다. 구야쉬의 전통 요리법은 복잡도 하거니와 요리시간이 많이(약 3시간) 걸려 손님이 많은 부다페스트의 일반 레스토랑에서는 그 고유한 맛을 보기가 어렵다. 그래서 세계의 미식가들은 전통그대로의 구야쉬 맛을 즐기기 위해 헝가리 대평원에 있는 레스토랑으로 간다.

저녁 식사 후 가랑비가 내렸지만 아랑곳 않고 다뉴브강을 따라 오가는 유람선에 몸을 실었다. 감미로운 클래식 음악과 함께 헝가리 토카이(Tokay) 와인을 한잔하며 다뉴브강의 아름다운 야경을 감상했다.

수천 년의 역사를 자랑하는 와인강국 헝가리는 토카이 와인으로 유명하다. 헝가리 최고의 화이트 와인 생산지인 토카이는 헝가리 북부지방에 위치하고 있는데 특히 이곳에서 생산되는 토카이 아수(Tokay Aszu)는 세계 3대 스위트 화이트 와인으로 손꼽힌다. 와인의 나라 프랑스의 루이 14세도 토카이 와인을 '왕의 와인, 와인의 왕'이라 극찬했다.

구야쉬

헝가리 대평원의 레스토랑에서
직접 만드는 구야쉬

토카이 와인은 수확기가 지나 곰팡이가 하얗게 핀 청포도를 가지고 와인을 담근다. 수확기가 지나면 서리가 내려 포도 알이 쪼그라들고 이때 하얀 곰팡이가 생기면서 포도에 귀부병(貴腐病, noble rot)이 생기는데, 이 곰팡이는 포도의 수분을 빼앗기 때문에 포도의 당도는 더욱 더 높아진다. 이처럼 귀부병에 걸린 포도만을 모아 즙을 짜낸 포도

토카이 포도

토카이 와인

원액을 에센시아(Essencia)라 하고 또 에센시아를 다른 일반 청포도즙과 일정비율 섞어서 발효시킨 것을 아수(Aszu)라고 한다. 에센시아는 과거 헝가리에서 천연항생제로 사용되었기 때문에 약국에서만 판매되었다고 한다. 어쨌든 이렇게 추출한 포도즙을 오크통에서 발효시킨 후 병에 넣어 장기간 보관하는데 늦게 수확한 포도를 많이 넣을수록 즉 에센시아의 비율이 높을수록 오래 숙성시켜야 한다. 그리고 마침내 코르크 마개를 열면 단맛을 내는 호박색의 토카이 와인이 나온다. 토카이 와인의 등급은 푸토니(puttony 또는 putt: 포도를 수확할 때 사람들이 등에 지고 포도를 운반하는 소쿠리)를 사용하여 putt 3-6으로 구분하는데 숫자가 높을수록 당도가 높고 오래 숙성된 것이다.

2009년 12월, 라슬로 쇼욤(Laszlo Solyom) 헝가리 대통령이 방한했을 때 청와대 만찬에 육개장과 토카이 와인이 제공되었다. 물론 상대국에 대한 예우차원에서 헝가리 와인이 준비됐겠지만 미국 백악관의 경우 국빈만찬 때 미국 와인만을 고집하는 것을 보면 다소 아쉬움이 있다. 물론 미국도 1950년대에는 미국 와인이 아닌 유럽 와인을 사용했다고 한다. 하지만 1963년 린던 존슨(Lyndon Johnson) 제36대 미국대통령이 취임한 이후부터는 유럽 와인 대신 미국 와인만을 고집하고 있다.

앞으로 우리도 미국처럼 우리나라를 국빈 방문하는 외국정상들에게 우리의 전통음료를 대접하면서 우리문화를 널리 알렸으면 하는 바람이다.

흑해 경제협력기구

흑해 경제협력기구(Organization of the Black Sea Economic Cooperation : 이하 BSEC)는 1992년 6월 25일 설립되었으며 주요 회원국으로는 흑해의 6개 연안국(루마니아, 터키, 우크라이나, 러시아, 불가리아, 조지아)과 6개 인접국(그리스, 몰도바, 알바니아, 아르메니아, 아제르바이잔, 세르비아)이 있다. 또한 이 기구에는 옵저버 자격의 17개국과 부문별대화동반자(SDP) 지위로 가입한 17개의 국가 및 국제

흑해 리조트

기구가 있다.

90년대 동유럽지역은 EU회원국을 비롯하여 미국, 러시아, 중국 그리고 우리나라 등 세계 각국의 관심이 집중된 곳이었다. 그로부터 20여년이 지난 지금, 이미 EU와 NATO에 가입한 대부분의 동유럽 국가들은 정치, 경제, 사회, 문화 등 모든 분야에서 상당한 발전을 이룩하였다.

반면 90년대 흑해지역은 세계 주요국들의 관심 밖에 있었다. 하지만 시간이 지나면서 '제2의 중동'이라 불리는 흑해, 카스피해 지역에 상당량의 석유와 천연가스가 매장되어 있다는 사실이 알려지면서 에너지 안보 및 수송차원에서 이 지역에 대한 중요성이 부각되기 시작했다. 특히 흑해 지역은 주변에 약 3억 5천만 명의 인구가 거주하고 있는 앞으로 새로운 신흥시장으로 발전할 수 있는 커다란 잠재력을 가진 곳이기도 하다. 지정학적 측면에서도 이 지역은 유럽과 중앙아시아 그리고 중동 사이에 위치하고 있어 오늘날 미국이 테러와의 전쟁을 수행하는데 있어 매우 중요한 전략적 거점지역으로 간주되고 있다.

따라서 최근 들어서는 그 어느 때보다도 이 지역에서의 지정학적, 전략적 그리고 정치 · 경제적 중요성이 강하게 대두되고 있는데 이는 마치 90년대 동유럽 지역이 그랬던 것과 비슷하다.

지난 2010년 11월 26일 그리스 데살로니키(Thessaloniki)에서 개최된 제23차 BSEC 외교장관회의에서 BSEC 회원국들은 한국을 '부문별 대화동반자(Sectoral Dialogue Partner)' 지위로 가입시킨다는데 합의했다. 이로써 우리나라의 흑해지역 진출이 한층 더 용이해 졌다. 우리기업들은 단기적 측면에서 에너지 분야를 비롯한 도로와 철도, 통신망 등 인프라 건설 사업에 진출할 수 있게 되었으며 중 · 장기적 측면에서도 향후 매력적인 시장으로 발전할 가능성이 있는 이 지역을 미리 선점할 수 있게 되었다.

현 시점에서 한국은 흑해지역을 에너지와 관련된 측면뿐만 아니라 또 하나의 신흥시장이라는 거시적 측면에서 바라봐야 할 것이다. 하지만 우리나라가 이 지역으로 진출하는데 있어서는 전략적 접근이 필요하다. 이는 90년대 초 미국이 동유럽으로 진출할 당시의 전략에서 찾아볼 수 있다. 즉 90년대 초 미국은 동유럽에 대한 영향력을 강화하기 위해 제2의 마샬플랜(Marshall Plan : 동구의 민주화를 위한 원조안, 일명 Brady Plan)을 통해 특히 폴란드와 헝가리에 집중하였다. 우리도 미국처럼 흑해 연안국들 중에서 가장 영향력 있는 몇 나라에 효과적으로 집중할 필요가 있다.

루마니아 흑해 주변의 해바라기 밭

흑해 연안국들 중에서 영향력이 있는 국가로는 우선 BSEC 창설을 제안한 터키를 비롯하여 러시아와 그리스를 언급할 수 있는데 이들 세 나라는 흑해 무역개발은행(Black Sea Trade and Development Bank)의 지분을 가장 많이 보유(16.5%)하고 있다. 다음으로는 루마니아, 불가리아 그리고 우크라이나를 언급할 수 있는데 각각 13.5%의 지분을 보유하고 있다.

지중해에 위치한 그리스는 흑해에서 다소 떨어져있으며, 러시아는 굳이 흑해지역이 아니더라도 한반도 정치상황과 직·간접적으로 연계되어 있어 항상 우리가 관심을 가져야 할 나라이다. 따라서 범위를 흑해지역으로 한정해보면 터키와 루마니아, 불가리아 그리고 우크라이나가 남는다. 불가리아는 EU에 가입했지만 인구, 국토면적, 국가경제규모 등 전반적인 측면에서 볼 때 루마니아에 비교열위이며 우크라이나는 아직 EU에 가입하지 않은 상태이다. 결국 우리나라 입장에서 볼 때 흑해진출의 교두보는 루마니아와 터키인 셈이다.

실제로 최근 미국의 행보를 봐도 루마니아에 많은 비중을 두고 있음을 알 수 있다. 2005년 '미·루' 양국은 구(舊)바르샤바 조약국으로는 처음으로 루마니아에 미군기지 설치에 관한 협약을 체결하였으며, 이를 기초로 해서 현재 약 2,000명의 미군이 루마니아에 주둔하고 있다. 특히 지난 2011년 5월 4일에는 미국이 주도하는 북대서양조약기구(NATO)의 '유럽 미사일방어(MD) 시스템'을 루마니아에 설치키로 양국이 합의하였다.

앞으로, '에너지의 보고'인 동시에 매력적인 '블루 오션'으로 간주되고 있는 흑해지역에서 우리기업들의 큰 역할을 기대해 본다.

기러기와 펭귄

언제부턴가 우리 사회에 '기러기 아빠' 혹은 '기러기 가족'이란 말이 생겨났다. 기러기 이야기가 나오면 요즘은 독수리와 펭귄 이야기도 뒤따른다.

독수리 아빠는 비교적 경제적 여유가 있어 가족이 있는 곳으로 자주 날아갈 수 있지만 기러기 아빠는 1년에 한번 정도 철따라 가족과 상봉하기에 붙여진 이름이다. 또한 태생부터 날지 못하는 펭귄 아빠는 경제적 여유가 없어 가족을 만나 보기는커녕 매달 생활비와 아이들 교육비를 보내기에도 벅찬 가장(家長)을 의미한다.

그런데 미국에 있다 보면 생각보다 독수리 아빠를 찾아보기 힘들다. 세계경제가 전반적으로 좋지 않아 그럴 수도 있겠지만 그보다도 독수리 아빠가 스스로 기러기 아빠로 전락하는 경우가 많다고 한다.

내용인 즉, 독수리는 언제든지 가족이 있는 곳으로 날아갈 수 있고 또 그런 그를 처음에는 가족들이 반기지만 시간이 지나면서 덜 반갑게 여긴다고 한다. 정착 초기에는 가족들이 타국의 낯선 환경에 적응하느라 바쁘지만 시간이 지나면서 차츰 그들 나름대로의 일정한 생활 패턴이 생기는데 이 무렵 시도 때도 없이 날아드는 독수리 아빠로 인해 생활리듬이 깨어질 수 있기 때문에 그렇다는 것이다. 특히 주부 입장에서 남편이 오면 아무래도 식사준비 등 신경 써야 할 게 많아지기 때문에 차츰 남편은 뒷수발을 해야 하는 손님과 같은 존재로 치부되기 십상인데, 그 이후 독수리 아빠는 가족이 있는 곳으로의 날갯짓을 조금씩 줄인다고 한다.

톰 워샴(Tom Worsham)의 '기러기 이야기'를 읽어보면, 기러기는 추운 겨울을 나기위해 "ㅅ"자 대열을 그리며 남쪽으로 4만km의 기나 긴 여행을 한다. 맨 앞에 날아가는 리더 기러기의 날갯짓은 기류에 양력(揚力)을 만들어 뒤따르는 기러기가 혼자 날 때보다 71% 정도 더 멀리 날 수 있도록 도와준다.

여행 도중 리더 기러기가 지치면 대열 안으로 들어가 쉬게 되고 또한 그런 그를 대신해 다음 기러기가 선두에 나와 날기 시작한다. 흥미로운 것은 기나긴 여행 동안 기러기들은 끊임없이 '끼럭~끼럭~'하며 울음소리를 내는데 이는 앞에서 거센 바람을 가르며 힘겹게 날아가는 리더에게 보내는 '응원의 소리'라고 한다.

만약 아프거나 지쳐 무리를 이탈하는 기러기가 생기면 함께 날던 다른 두 마리 기러기도 대열에서 빠져나와 그를 보호하며 돕는다. 지친 기러기가 원기를 회복해 다시 날 수 있을 때까지 혹은 생을 마감할 때까지 함께 시간을 보내다 뒤이어 날아가는 또 다른 기러기 무리에 합류하는 것이다.

남극에 사는 펭귄도 기러기처럼 항상 무리를 지어 움직인다. 무리에서 이탈할 경우 추위에 얼어 죽기 때문이다. 실제로 남극에서 새끼 펭귄이 어른으로 성장할 수 있는 생존율은 60%밖에 되지 않는다. 수개월 동

한국의 기러기 아빠

안 밤이 계속되고 혹독한 눈보라가 몰아치는 남극의 겨울, 펭귄들은 추위를 이겨내기 위해 서로 무리를 지어 몸을 맞댄 채 서서 체온을 유지한다. 특히 강한 눈보라가 불어올 때에는 무리의 한 가운데 있던 펭귄들이 무리의 가장자리에서 온몸으로 눈보라를 막아내며 추위에 떨고 있던 펭귄들과 자리바꿈을 한다. 또 한참 후 자리바꿈을 한 펭귄이 추위에 몸이 얼기 시작하면 또 다시 서로 자리바꿈을 하고... 이러한 반복적인 과정을 통해 펭귄들은 남극의 추운 겨울을 이겨내는 것이다. 이러한 펭귄들의 행위를 영어로 '허들링(hurdling)'이라고 하는데, 이 말은 몸이 얼면 서로 자리는 바꾼다는 의미이다.

한국에 있다 보면 주위에 기러기 아빠들이 생각보다 많이 있다. 사실 한국에서 직장생활을 하며 받는 월급으로 외국에 있는 가족에게 매달 정해진 생활비와 교육비를 보내는 것은 생각보다 만만치 않다. 또한 수 년 동안 가족과 떨어져 혼자 생활하는 기러기들의 고충은 이루 말로 다하기 어려운데 어떤 기러기는 과도한 스트레스로 인해 머리가 빠지는 원형탈모증에 시달리기도 한다. 그래서 한국의 기러기 아빠들은 우스갯소리로 아무리 기러기 생활이 힘들어도 절대 '털 빠진 펭귄'으로 전락해서는 안 된다고들 한다.

외국에서 생활하는 기러기 가족들도 마찬가지다. 특히 낯선 타국 땅에서 엄마 혼자 아이들 뒷바라지하는 것은 결코 쉬운 일이 아니다. 외국인들은 이러한 한국 특유의 기러기 생활을 이해하기 어렵겠지만 우리나라 부모들은 더 나은 교육환경과 자식들의 미래를 위해 스스로 눈물겨운 희생을 감내하고 있는 것이다.

우리 주위에는 10년 이상 경력의 베테랑 기러기도 종종 찾아볼 수 있다. 그런데 요즘 한국에서는 기러기 생활을 10년 넘게 한 가장들을 더 이상 기러기 아빠라고 하지 않고 우스갯소리로 그냥 '독거노인'이라고 부른다.

기나긴 여행 동안 기러기들이 "끼럭~끼럭~"하며 서로에게 격려의 소리를 보내는 것처럼 우리나라 기러기 아빠와 엄마들도, 비록 가족이 멀리 떨어져있어 힘들겠지만, 서로가 서로를 격려하면서 사랑과 응원의 목소리를 보냈으면 하는 마음이다.

Berkeley Column

커피 이야기

동양에 차(茶)가 있고 서양에 맥주와 와인이 있다면 아랍에는 커피(coffee)가 있다. 커피의 기원에 대한 설은 분분하지만 아프리카의 에티오피아(Ethiopia) 고원지대가 정설로 받아들여지고 있다. 실제로 커피라는 말도 에티오피아의 지명인 카파(Kaffa)라는 말에서 유래한다. 하지만 커피가 오늘날 우리가 마시는 음료로 발전한 곳은 아라비아 지역이다.

지금으로부터 약 1400년 전 에티오피아의 카파지방에서 염소를 치던 칼디(Kaldi)라는 소년은 염소 떼가 평소와 달리 흥분하여 날뛰는 것을 보고 원인을 알아본 결과 목장 근처에 있는 빨간색의 나무 열매를 먹었기 때문인 것을 발견했다. 이 사실을 수도원 원장에게 알렸고 그 후 그 열매를 따서 직접 끓여 먹어 보니 정신이 맑아지면서 온몸에 기운이 솟는 것을 느꼈다. 차츰 이에 대

커피 열매 [출처: 구글]

한 소문이 사방으로 퍼져 나갔고 시간이 지나면서 커피는 11~12세기경 홍해를 건너 아라비아 반도의 예멘 지역으로 그리고 그 이후에는 터키, 베네치아, 런던, 파리, 빈 등 세계 각 지역으로 전파되었다.

키바 한(Kiva Han) [출처: 구글]

터키의 술레이만(Süleyman) 대제가 통치하던 1475년에는 '키바 한(Kiva Han)'이라는 세계 최초의 커피하우스가 콘스탄티노플(Constantinople, 현재 이스탄불)에 문을 열었다. 이 커피하우스는 커피제국 터키의 심장이라는 상징적인 의미를 가지면서 오늘날 커피문화의 원형이 만들어진 곳이다.

커피가 유럽에 전해진 초기에는 이교도의 음료라는 종교적 이유로 박해를 받았다. 하지만 커피를 훌륭한 음료라고 생각한 교황 클레멘트 8세(Clement VIII)는 커피에 세례를 주었고 그 이후 크리스트교인들도 마실 수 있게 되었다.

1720년에는 유럽 최초의 커피하우스 '카페 플로리안(Caffe Florian)'이 베네치아(Venezia)의 산마르코(San Marco) 광장에 문을 열었다. 이곳은 약 300백년 전통의 현존하는 세계 최고(最古)의 카페인 동시에 'caffe'라는 단어가 고유명사화 된 곳이다. 당시 이곳에서는 스탕달, 바그너, 릴케, 모네, 괴테, 니체 등과 같은 유럽 최고의 문인들이 방문했으며 한때 카사노바(Casanova)가 여자들을 유혹한 장소로도 유명하다.

카페 플로리안(Caffe Florian) [출처: 구글]

파리의 카페는 북쪽 교외의 몽마르트 주변에 밀집했는데 피카소, 르느아르, 졸라, 사르트르, 모파상 등이 모여들었다. 바하는 '커피 칸타타'를 작곡했고 발자크는 하루 50여 잔의 커피를 마시며 18시간 동안 소설 창작에 몰입했다고 한다.

세계 3대 커피로는 커피의 황제라고 불리는 자메이카의 '블루마운틴(Blue Mountain)'과 하와이의 '코나(Kona)' 그리고 커피의 귀부인으로 불리는 예멘의 '모카(Mocha)'를 언급할 수 있다. 블루마운틴은 생산량은 적지만 오늘날 전 세계에서 가장 품질 좋고 맛있는 커피로 평가받고 있다.

국제커피기구(ICO) 자료에 의하면, 세계 제일의 커피 생산국은 브라질이다. 브라질은 한때 전 세계 커피 생산량의 절반을 차지한 적이 있는 커피강국이다. 다음으로는 베트남과 콜롬비아 그리고 인도네시아가 각각 2위부터 4위까지 차지하고 있으며 커피의 원산지인 에티오피아는

5위에 머물러 있다. 세계 11위의 커피 소비국인 우리나라 수입커피의 40퍼센트는 베트남 산이다.

우리나라에 커피가 들어 온지도 110여년이란 세월이 지났다. 공식적으로 우리나라에서 처음 커피를 마신 사람은 고종(高宗)으로 알려져 있는데, 고종순종신록에는 커피를 '가피차'라고 기록되어있다. 우리나라에서 가장 오래된 다방은 1888년 당시 개항지였던 인천의 대불(大佛)호텔과 그 맞은편에 있던 슈트워드(Steward) 호텔 내에 있었던 다방이 최초로 알려지고 있다.

일제 강점기에는 우리나라 문인들이 직접 다방을 운영하는 경우도 있었다. 소설가이자 시인이었던 이상(李箱)이 대표적인 예이다. 1933년 그는 종로 1가에 '제비(燕)'라는 다방을 열었지만 원래 사업에는 관심이 없던 터라 2년 만에 문을 닫고 만다. 그 이후 다시 '식스나인(69)'이라는 다방을 열려고 했지만 당시로서는 퇴폐적인 상호가 문제가 되어 허가가 취소되는 바람에 아예 개업자체를 하지 못했다.

스타벅스 1호점 [출처: 구글]

우리나라에서는 세계적인 커피브랜드인 스타벅스(Starbucks)가 유명하지만 미국의 커피 매니아들은 피츠커피(Peet's Coffee)를 선호한다. 스타벅스는 1971년 워싱턴 주 시애틀에서 그리고 피츠커피는 스타벅스보다 5년 빠른 1966년 캘리포니아 주 버클리에서 1호점을 열었다.

햇살 가득한 이곳 캘리포니아 버클리에서 스페셜티 커피(specialty

coffee)의 원조인 피츠커피의 진한 향을 음미하며 머나먼 대륙, 아프리카와 아랍 그리고 유럽을 거쳐 오늘날에 이른 커피의 이런 저런 이야기들을 적어보았다.

피츠커피 1호점 내부

피츠커피 1호점

민주주의와 공산주의

Berkeley Column

루마니아 출신의 프랑스 극작가 외젠 이오네스코(Eugène Ionesco)는 세계적인 부조리 작가이다. 이오네스코의 대표작인 〈대머리 여가수(La Cantatrice Chauve)〉는 사무엘 베케트(Samuel Beckett)의 대표작 〈고도를 기다리며(En attendant Godot)〉와 함께 세계 부조리 연극의 정수로 간주되고 있다.

이오네스코는 공산주의를 '현대사의 가장 비극적이고도 가장 큰 실수'라고 언급하였다.

1980년대 말 동유럽에서 민주화 바람이 불기 시작한 이후 벌써 20여년이란 세월이 흘렀으며 그동안 실로 엄청난 변화가 있었다.

외젠 이오네스코(Eugène Ionesco)

일반적으로 '사회구조의 변화'라고 하면 뭔가 해결하기가 어렵고 또 시간도 오래 걸릴 것 같은 느

루마니아 국기

낌이 든다. 그리고 구조조정이라고 하면 대개 명퇴나 실업이 연상된다. 이렇듯 '구조(構造)'라는 단어가 들어간 말은 다소 무거운 느낌이 있다. 그런데 90년대 동유럽 국가들은 어느 한 분야에서 사회구조의 변화가 아니라 전 국가차원에서의 '총체적인 구조적 변화'를 겪었다. 내용인 즉, 공산주의에서 자본주의 체제로 그리고 사회주의에서 민주주의 체제로의 체제전환이 그것이다.

민주주의의 가장 중요한 요건은 공산당 일당제의 사회주의와는 달리 복수정당제이다. 또한 공산주의와 대비되는 자본주의의 기본 요건은 사유화(私有化)이다. 따라서 90년대 동유럽 국가들은 헌법을 비롯한 법률의 전면적인 개정을 통하여 국가체제의 총체적인 개편을 시도함과 동시에 국가 소유의 모든 재산을 개인소유로 전환하려 하였다. 당연히 이러한 과도기적 상황 속에서 커다란 혼란과 어려움이 있었으며 국민들에게는 혹독한 시련이 뒤따랐다.

필자는 여기서 '민주주의와 공산주의'라는 무거운 주제를 논할 생각은 없다. 다만 이 두 이데올로기와 관련하여 유럽에서 실제로 있었던 하나의 역사적 사건을 이야기하려 한다.

제2차 세계대전 중 연합군은 처음에 발칸반도 상륙작전을 실행하려 했으나 이후 노르망디(Normandy) 상륙작전으로 계획을 수정하였다. 마치 6·25전쟁 때 부산상륙작전에서 인천상륙작전으로 바뀐 것과 비슷하다.

당초 발칸반도 상륙작전을 감행하여 구(舊)유고슬라비아를 통해 중부

유럽 그리고 루마니아 등으로 진격하려던 것은 영국의 계획이었다. 하지만 이 계획은 1943년 1월 미국에 의해 철회되었다. 당시 미국은 발칸반도 지역에서의 전투를 소련군에게 맡기는 대신 연합국은 노르망디 상륙작전에 집중해야 한다고 주장하였다. 결국 영국은 미국의 입장을 받아들였고 그 이후 발칸반도에 인접한 루마니아는 소련이 직접 관할하게 되었다.

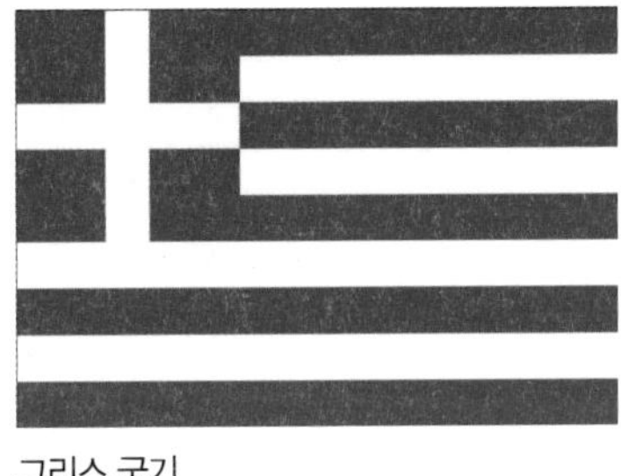
그리스 국기

이로써 루마니아 역사에서는 머지않아 현대사의 가장 비극적이고도 가장 큰 실수인 공산주의가 시작되는 것이다.

좀 더 구체적으로 설명하면, 당시 미국과 영국은 노르망디 상륙작전에만 전념하기위해 소련에게 '일시적인 군사지역 설정'을 제안했는데, 이는 루마니아가 소련의 보호 (영향력: 소련 90%, 영국 10%) 하에 그리고 그리스는 영국의 보호 (소련 10%, 영국 90%) 하에 들어감을 의미했다. 이로 인해 루마니아와 그리스는 제2차 대전이 끝나고 난 이후 각각 공산주의와 민주주의의 길을 걷게 된다.

루마니아인들의 입장에서 보면 정말 역사상의 '간발의 차이'로 인해, 즉 발칸반도 상륙작전이 노르망디 상륙작전으로 변경됨으로써 현대사의 가장 큰 실수가 자국에서 시작된 것이다.

제2차 세계대전 전후의 루마니아 경제수준은 그리스를 훨씬 앞지르고 있었다. 실제로 제1차 세계대전 당시 세계무역에서 차지하는 루마니아의 수출 비중은 세계 10위권 내에 속해 있었다. 그랬던 루마니아는 소련의 공산주의 체제 하에 그리고 그리스는 영국의 민주주의 체제 하에 들어갔다.

1948년 루마니아에 공산주의가 도입된 후 근 40여년이 지난 1989년 루마니아에서는 시민혁명이 일어났다. 독재자 차우셰스쿠는 크리스마스인 12월 25일에 처형되었고 그 이후 루마니아에서는 민주주의가 시작되었다.

그렇다면 1989년 루마니아에서 공산주의가 붕괴된 직후 루마니아와 그리스의 경제수준은 어떠했을까? 현재 그리스의 경제상황이 좋지 않지만 1990년대 초, 양국의 경제수준은 선진국과 후진국이라는 엄청난 차이가 있었다.

결국 소련 공산주의가 도입되기 이전에 루마니아는 그리스보다 부유한 국가였지만, 지난 40여 년 동안 공산주의의 길을 걸으면서 그리스보다 훨씬 가난한 국가로 전락하고 만 것이다.

잠실5단지 **테니스장**도 없어질라

캘리포니아에서 지내다 보면 서울에 비해 좋은 것이 여러 가지 있지만 개인적으로는 우선 공기가 깨끗해서 좋고 또 과일, 채소 등 먹을 거리가 풍부한데다 가격도 한국에 비해 저렴해서 좋다. 이 외에도 축구, 야구, 농구, 테니스, 아이스하키 등 사회체육시설이 잘 갖추어져 있는 것도 한국과 비교되는 부분이다. 그래서인지 미국에서는 주말은 물론 평일 저녁에도 많은 사람들이 야외에서 운동을 하는 모습을 자주 본다. 테니스의 경우 지역마다 시설이 잘 되어있어 코트가 부족해 운동을 못하는 경우는 거의 없다.

서울에서는 주로 잠실5단지 내에 있는 테니스 코트에서 운동을 했는데 그곳에는 6면의 클레이코트가 있고 회원 수도 약 150명에 이른다. 회원 구성은 은퇴를 한 어르신들부터 국가공무원, 대기업임원출신, 은행원 및 은행지점장, 사업하시는 분, 중·고교 선생님 그리고 대학교수 등 직업별로 다양하다.

회원들은 대개 아침 6시부터 운동을 하고 난 후 출근하는 아침 반과

잠실5단지 300회 월례대회(since 1979)

퇴근 후 저녁 9시까지 운동하는 저녁 반으로 나눠진다. 저녁 반의 경우 운동이 끝나면 가끔 맥주나 막걸리를 가볍게 한잔 하고 헤어지는데 이 시간이 되면 사회 각 분야의 다양한 이야기를 들을 수 있어 좋다.

한국에는 '밥테회'라는 말이 있다. '밥 먹고 테니스만 치는 여성회원들'을 일컫는 말이다. 얼핏 들어보면 집안일은 뒷전으로 하고 테니스만 치는 여성들로 오해하기 쉬운데 실상은 그렇지 않다. 대부분의 여성회원들은 열심히 운동하는 만큼 집안일과 자녀교육에도 최선을 다한다. 실제로 아이들이 고등학교에 진학하면서 부터 그동안 꾸준히 해왔던 테니스를 접었다가 대학진학 이후 다시 테니스장으로 나오는 여성회원도 있다.

열정이 대단한 만큼 5단지 여성회원들의 테니스 실력도 수준급인데 여성회원 절반 이상이 국화부에 속해 있다. 보통 우리나라 아마추어 테니스는 여자의 경우는 국화부와 개나리부 그리고 남자는 신인부, 청년부, 장년부, 베테랑부 등으로 구분하는데, 테니스 시작한지 13년만인 50대 후반에 처음으로 개나리부에서 우승하여 국화부에 들어간 회원도

'쭉발리회' 회원들

있고 우리나라 전체 아마추어 랭킹 10위권 내에 속해있는 여성회원도 있다. 그리고 대부분의 여성회원들은 한 달에 1번 정도 테니스장 내에 있는 건물 2층에서, 각자 집에서 음식을 한 가지씩 준비해와 나눠 먹는 '파틀럭 파티(potluck party)'를 연다. 맛있게 식사하며 서로가 일상생활에 유용한 정보를 주고받는다.

매달 첫째 주 일요일에는 월례대회가 개최된다. 어떤 회원은 그동안 갈고 닦은 실력을 십분 발휘하기위해 며칠 전부터 금주하며 컨디션을 조절하기도 한다. 매달 개최되다보니 게임을 대충 할 거라 생각하면 오산이다. 실제로 대회우승을 위한 회원들의 의지는 아주 강하다. 그래서 가끔은 경기 도중 회원들 간에 '인-아웃(in-out)' 시비로 인해 목소리가 높아지기도 하지만 모든 일정이 끝나면 다 같이 저녁식사를 하며 화기애애한 뒤풀이가 이어진다.

'운동을 좋아하는 사람치고 나쁜 사람 없다'는 말처럼 5단지에는 마음이 넉넉한 분이 많다. 필자를 고향후배라고 테니스장에 나갈 때마다 저녁식사를 함께 하자며 매번 챙기는 분도 있고 필자가 기러기 생활을 시작하면서 부터는 과일을 박스채로 사서 먹으라고 직접 테니스장으로 가져오는 분도 있다. 이 외에도 저녁식사를 같이 하자며 자기 집으로 초대하는 분, 잠자리가 일정치 않은 필자에게 빈방이 있으니 자기 집에 가서 자자고 하는 분... 특히 어떤 한 회원은 아예 자기 집 저녁식사 시간대를 알려주면서 매일 같이 식사하자고 한다. 모두들 고마운 분들이다.

그런데 최근 들어 잠실5단지도 아파트가 노화되어 재건축 이야기가 나오고 있다. 테니스 회원 수는 5단지 전체 주민 수에 비해 극소수이다 보니 당연히 단지 내에서의 입지는 약한 편이다. 그래서 매달 열리는 동대표 회의에서는 아예 테니스장을 없애고 주차장으로 만들어야 한다는 말까지 나온다. 100세대도 되지 않는 조그만 단지 내에 야외 수영장시설까지 갖추어져 있는 미국의 경우와 비교해 보면 아쉬움이 많다. 물론 땅이 넓어 그럴 수도 있지만 어쨌든 미국의 제반 사회체육시설을 생각하면 부러울 따름이다.

5단지 옆에는 1,2,3,4단지가 있는데 이들 단지는 이미 4년 전에 재건축을 마쳤다. 하지만 아쉽게도 기존에 있었던 테니스 코트는 모두 사라져 버렸다. 참여정부 이후 지속된 각종 부동산 규제 정책과 개발논리 때문이다.

5단지도 같은 길을 걷지 않을까 걱정이다.

드라큘라 이야기

보통 '루마니아'라고하면 체조요정 나디아 코머네치(Nadia Comăneci), 독재자 니콜라에 차우셰스쿠(Nicolae Ceauşescu) 그리고 드라큘라(Dracula) 등을 떠올린다.

1961년에 태어난 코머네치는 다섯 살까지 루마니아의 어느 한적한 마을에서 줄넘기를 하던 아주 평범한 소녀였지만 6세 때 체조 계에 입문해 1976년 몬트리올 올림픽에서 올림픽 체조역사상 최초로 10점 만점을 획득한 것은 물론 여자체조사상 처음으로 일곱 차례나 만점을 기록한 체조요정이다.

그리고 1989년 12월 25일 크리스마스 때 총살된 차우셰스쿠는 70년대 북한을 수차례 방문하면서 북한식 족벌독재체제와 우상숭배정책 등에 많은 감동을 받아 이를 철저하게 루마니아에 뿌리내리려 했던 '동유럽의 김일성'이라고 볼 수 있다.

그런데 최근 들어 우리나라 사람들은 코머네치나 차우셰스쿠보다 드라큘라에 더 많은 관심을 가지고 있는 듯하다. 실제로 세계의 언론도 드

브람 스토커와 그의 소설
[출처: 구글]

라큘라와 관련된 각종 영화와 서적 그리고 드라큘라 성의 소유권 문제 등을 기사화하고 있으며 특히 지난 몇 년 동안에는 드라큘라 성이 세계 주택시장에 매물로 등록된 배경과 매매가격에 대해서도 흥미롭게 다루고 있다.

루마니아 트란실바니아 지방에 있는 브란(Bran)성은 '드라큘라 성'이란 이름으로 더 잘 알려져 있다. 드라큘라 성은 원래 합스부르크 왕가의 일레아나(Ileana) 공주 일가가 거주하고 있었지만 1948년에는 루마니아에 수립된 소비에트 공산정권에 의해 국가소유로 몰수되었으며, 1989년 차우셰스쿠 정권이 붕괴된 이후에는 루마니아의 대표적인 관광 명소가 되었다.

특히 지난 2006년에는 드라큘라 성이 루마니아 사유화 정책의 일환으로 58년 만에 원래 주인인 건축가 도미니크 폰 합스부르크씨에게 공식 반환되었는데, 현재 뉴욕에서 거주하고 있는 그는 루마니아 페르디

난드(Ferdinad) I세의 외손자이자 일레아나 공주의 아들인 것으로 알려져 있다.

드라큘라 초상화 [출처: 구글]

2007년 드라큘라 성은 1억 4000만 달러에 매물로 나왔다. 따라서 세계 언론은 이 성이 세계에서 2번째로 비싼 주택으로 거래 될 거라 전망했는데, 당시 미국의 경제 전문지 포브스(Forbes)는 세계에서 가장 비싼 주택을 캘리포니아 주 베버리 힐스(Beverly Hills)에 위치한 허스트 하우스(Hearst House, 1억6000만 달러)로 선정하였다.

드라큘라 이야기는 아일랜드의 소설가 브람 스토커(Bram Stoker)의 소설 '드라큘라(Dracula, 1897)'가 출판됨으로써 세인들의 주목을 받기

드라큘라 성

시작했고 그 후 1931년 미국에서 영화로 제작되어 전 세계에 상연됨으로써 널리 알려졌다.

드라큘라 이야기의 기원은 중세 루마니아에 실제로 존재했던 인물인 블라드 쩨페쉬(Vlad Țepeș) 영주이다. 당시 루마니아는 유럽으로 진출하려던 터키제국과 격렬한 전투를 계속하고 있었다. 그래서 쩨페쉬 영주는 내부적으로 사회통치를 아주 엄하게 실시하였다. 즉 그는 남의 물건을 훔치거나 거짓말을 하는 사람 그리고 게으른 자들까지도 잔인하게 극형에 처했는데, 그가 주로 사용한 처형 방법은 사람의 항문에다 커다란 나무꼬챙이를 찔러 죽이는 것이었다. 쩨페쉬라는 영주의 이름도 '나무꼬챙이'를 의미하는 루마니아어 '쩨아퍼(țeapă)'와 연관이 있다.

오늘날 쩨페쉬 영주는 루마니아인들에게 〈정직함의 절대적 상징〉으로 간주되고 있다. 어떤 측면에서 그는 '세상을 잃더라도 옳음을 실행하라!'는 라틴어 격언인 '피아트 이우스티티아 페레아트 문두스(fiat iustitia, pereat mundus)'의 상징이자 그것을 실천에 옮기려 했던 사람인지도 모른다.

당시 쩨페쉬 영주는 터키제국과의 전쟁이라는 국가적인 위기상황 속에서 루마니아를 침략하는 외적들과 나쁜 짓을 행하는 사람들을 극형에 처했는데 이는 진리와 정의라는 이름하에 정당화되었다. 따라서 루마니아인들은 오늘날까지도 쩨페쉬 영주가 통치했던 시기를 성실과 정직 그리고 영광의 시기로 평가하고 있으며 또한 정직하지 않고 게으르고 오만한 사람 그리고 매춘을 일삼는 자들을 처벌하는 〈정의의 시기〉로 간주하고 있다.

전설 속에 언급되어 있는 것처럼 쩨페쉬 영주는 사람의 항문에다 커다란 나무꼬챙이를 찌른 후 하늘을 향해 세워두는데 그럴 경우 대개는 바

드라큘라 생가(오른편 짙은 노란색 건물)

블라드 쩨페쉬 영주
[자료: Dracole Wayda,
ediția Barth Ghotan, Lübeck, 1485]

로 죽지 않고 약 2~3일 동안 목숨을 부지했다고 한다. 하지만 꼬챙이는 결국 사람의 가슴이나 등 뒤로 튀어나오게 되는데 몸무게에 따라 꼬챙이가 몸속으로 파고드는 시간이 달랐기 때문에 개인마다 목숨을 부지하는 시간도 다소의 차이가 있었다고 한다. 그래서 상대적으로 몸무게가 많은 사람은 그렇지 않은 사람보다 빨리 죽을 수 있어 그나마 고통의 시간을 줄일 수 있었다고 한다.

꼬챙이에 찔려 고통에 신음하고 있는 사람들 옆에서 식사를 하고 있는 블라드 쩨뻬쉬 영주의 모습
[Dracole Wayda, ediția Ambr. Huber, Nürnberg, 1499]

Berkeley Column

로댕과 브랑쿠시

지난 2010년 겨울 샌프란시스코 현대미술관(SFMOMA)에서 우연히 부랑쿠시의 작품을 보게 되어 반가움에 기뻤던 기억이 난다.

로댕(Auguste Rodin, 1840-1917)을 모르는 사람은 거의 없을 것이다. 하지만 브랑쿠시(루마니아어: 콘스탄틴 브른쿠쉬, Constantin Brâncuşi, 1876-1957)를 아는 사람은 그리 많지 않을 것이다. 로댕과 브랑쿠시는 동시대의 인물로 세계적인 천재 조각가이다.

1902년 루마니아를 떠난 브랑쿠시는 뮌헨, 취리히 등을 거친 후 1904년 파리에 있는 미술학교(École des Beaux-Arts)에 입학하였다. 2년 후 학교를 중퇴한 그는 한동안 로댕의 화실에서 작업하지만 얼마 있지 않아 "큰 나무의 그늘 아래에서는 아무 것도 자랄 수 없다"는 유명한 말을 남긴 채 로댕의 요청을 뿌리치고 그곳을 떠난다.

브랑쿠시는 세계 조각예술사에서 민속예술(folklore)을 현대 조각예술에 도입한 최초의 작가였다. 그는 기존의 민속예술세계나 아프리카 민속예술세계를 모방하지 않고 자신이 체험한 생생한 경험들을 작품 속에 표현하였고, 여러 가지 주제의 다양한 작품들을 창작하기보다는 항상 어떤 하나의 주제로 되돌아가곤 했다. 예를 들어 브랑쿠시의 대표작 〈무한의 기둥〉은 작품이 완성되기까지 19년이 걸렸으며, 새(bird)를 주제로 하는 작품은 무려 28년이란 세월이 소요되었다.

로댕의 미완성 대표작 '지옥의 문': 로댕은 20여 년간 이 작품에 매달렸으나 완성을 하지 못하고 죽었다. 높이 7.75m, 너비 3.96m, 폭 1m의 직사각형으로 된 이 작품은 단테의 '신곡'에서 영감을 받은 것으로 인간의 희로애락을 표현하는 갖가지 형상이 조각되어 있다.

브랑쿠시의 작품에서 비상(飛上)과 관련한 테마는 '새'를 중심으로 하는 여러 작품에서 잘 표현되어 있는데 〈초자연적인 새〉(Măiastra)와 관련하여 그는 다음과 같은 말을 남겼다. "나는 '초자연적인 새'가 거만한 움직임이나 교만함 혹은 도전적인 느낌을 주지 않으면서 머리를 들기를 원했다. 실제로 이것은 나에게 있어서 가장 어려운 숙제였는데 아주 오랜 세월 동안 노력한 이후에야 비로소 도약하는 비상을 통합적인 움직임으로 표현하는데 성공했다."

8면체의 철제 모듈 17개로 이루어진 〈무한의 기둥〉(The Endless Column, 29.33m)은 〈침묵의 탁자〉(The Table of Silence), 〈키스의 문〉(The Gate of the Kiss)과 함께 루마니아의 트르구-지우

'무한의 기둥' [출처: 구글]

키스의 문 [출처: 구글]

침묵의 탁자 [출처: 구글]

(Targu-Jiu) 시 공원 내에 전시되어 있다. 종교학, 신학 분야에서 20세기 최고의 권위자인 엘리아데(Mircea Eliade)는 이 기둥을 '세상의 중심축(Axis mundi)'이라고 명명하였다.

브랑쿠시의 모든 작품에서 나타나는 주제인 '완벽함의 추구'는 '무한의 기둥'에서 총체적으로 나타난다. 이 작품의 모티프는 루마니아 민속예술, 즉 하늘을 지지하는 기둥이 존재한다는 고대 루마니아인들의 믿음에서 시작된다. 즉 이 작품은 하늘과 대지 사이의 '연결'을 의미하고 있다.

브랑쿠시는 무한의 기둥의 형태를 어떻게 만들지 오랜 세월 동안 고심하였다. 이유인 즉 자신이 원했던 완벽한 형태가 '상승(上昇)'과 '비상(飛上)' 그리고 '초월(超越)'의 상징성을 모두 통합한 것이었기 때문이었다. 흥미로운 것은 브랑쿠시가 무한의 기둥을 만드는데 있어 순수한 형태가 아니라 영원으로 반복되는 장사방(長斜方, rhomboidal shape)의 형태를 택함으로써 상승의 상징성을 분명하게 표현하려 했다는 점이다.

그는 자신의 작품 속에 표현되어 있는 비상과 관련하여 다음과 같이 언급하고 있다. "나는 일생동안 비상의 본질 외에는 아무것도 찾지 않았다... 비상, 얼마나 큰 기쁨인가." 이처럼 브랑쿠시는 자신의 작품 속에서 상승과 초월 그리고 인간의 조건을 벗어남을 상징화하고 있다. 따라서 그의 작품 속에 표현되어 있는 비상은 행복과 기쁨 그리고 자유를 의미한다고 볼 수 있다.

브랑쿠시의 작품 '공간속의 새(Bird in Space)'
[출처: 구글]

브랑쿠시의 작품: '키스(The Kiss)'

항상 비상의 본질이 어떤 것인가에 몰두했던 브랑쿠시는 자신의 첫 번째 작품재료인 돌을 사용함으로써 비상을 설명하려 하였다. 따라서 그의 작품에는 무거움(돌)에 가벼움(비상)이 동시에 표현되어 있다. 결국 브랑쿠시는 라틴어로 '모순의 일치(coincidentia oppositorum)'라는 개념을 자신의 작품에서 완성시켰는데, 그 이유는 같은 물질(돌 조각품)에 비상과 그 반대 개념인 무거움이 공존하고 있기 때문이다.

20세기 조각예술의 일대 혁신을 가져온 브랑쿠시는 작품 속에서 단순한 기하학적 형태미를 살리고 있을 뿐만 아니라 정교한 마무리를 통해 표면의 광택을 중시하고 있는데, 이러한 브랑쿠시의 조각술은 현대 조각예술이 로댕을 넘어 추상으로 나아가게 하였다.

Berkeley Column

조각가 베노네 올라루

(Benone Olaru)

조각가 베노네

2004년 겨울 필자의 연구실에 뜻밖의 손님이 찾아왔다. 이탈리아에서 활동 중인 루마니아 조각가 베노네는 주한 루마니아 대사관을 통해 한국외국어대학교에 루마니아어과가 있다는 이야기를 듣고 무작정 필자를 찾아온 것이다.

첫 만남이었지만 어색함은 없었고 이런저런 이야기를 나누다 미켈란젤로(Michelangelo Buonarroti)와 로댕(Auguste Rodin) 그리고 브랑쿠시(Constantin Brâncuşi)등 세계 조각예술에 대한 이야기를 계속 이어갔다.

동갑이라서 그랬는지 아니면 서로 뭔가 통했는지 이야기는 상당히 길어졌고 저녁 무렵 다시 만나자는 아무런 약속도 없이 그냥 헤어졌다. 그런데 다음날 오전 베노네는 하얀 도화지에다 뭔가 스케치한 것을 한 장 들고 연구실로 다시 찾아왔다. “만약 조각에 필요한 나무와 조각 공구를 준비해 준다면 루마니아어과 학생들을 위해 자신의 작품을 외대 캠퍼스에 남기고 싶다”는 것이었다. 뜻밖의 제안이었다.

베노네는 루마니아 부카레스트(Bucharest) 대학교 조소과를 수석으로 졸업한 수재였다. 졸업 직전 학과 교수들이 그를 후임교수로 생각해 두었지만 대개 천재 예술가들이 그러한 것처럼 그는 눈앞의 영광에는 전혀 관심이 없었고 오히려 대학 졸업장을 받기도 전에 이탈리아로 떠나 버렸다. 그가 도착한 곳은 카라라(Carrara). 대리석이 풍부해 전 세계의 전도유망한 젊은 조각가들이 모여드는 곳이었다.

그가 필자를 찾았을 때는 이미 10년 이상 카라라에서 대리석 조각술을 연마한 상태였고 그의 주옥같은 작품은 이미 바티칸 박물관에서 관심을 가지기 시작한 것은 물론 밀라노 등 이탈리아 여러 도시의 주요 광장에 설치되었다. 하지만 그는 이에 만족하지 않았다. 당시 그가 한국을 방문한 목적은 돌중에서 가장 단단한 화강암을 자유자재로 조각하는 한국의 석공들로부터 비법을 배우기 위해서였다. 석굴암과 다보탑, 석가탑 등을 비롯해 우리나라의 묘지 앞에 있는 돌 조각품이나 묘비 등이 대개 화강암으로 만든 것이다.

며칠 동안 그와 함께 조각 재료와 공구를 구입하기 위해 여기저기를 돌아다녔다. 하지만 나무를 구입하는 것이 문제였다. 가능하다면 소나무나 밤나무가 좋다고 말했지만 소나무 가격이 그렇게 비쌀 줄은 전혀 생각지 못했다. 수목원 주인은 지름이 1m정도 되는 소나무는 우리나라

베노네의 대작 '세례 요한(John the Baptist)': 우루과이산 검은색 화강암의 이 작품은 높이 2.5m, 너비 2.6m, 폭 1.7m, 무게 5톤에 달하며 총 제작기간은 2년 6개월이다.

에 있지도 않을뿐더러 설령 있다 하더라도 부르는 게 가격일 거라 했다. 또한 그 정도의 소나무는 중국에서도 수입하기 힘들 거라 했다. 결국 베노네와 상의한 끝에 참나무(oak tree)를 구입하기로 하였다. 길이 6m에 지름이 1m가 넘는 거목(巨木)이었다.

며칠 후 오크나무를 실은 트럭이 캠퍼스에 도착했다. 베노네는 잠시 나무에게 인사를 하고 무언의 대화를 나누더니 나이테를 세어보고는 족히 100살이 넘을 거라 했다.

이윽고 작업이 시작되었고 나무를 자르는 전기톱소리가 캠퍼스 내에 요란하게 울려 퍼졌다. 지나가던 학생들도 무슨 일인가 하고 하나 둘 모

여들었다. 하지만 날씨가 너무 추워 야외에서 작업하기란 그리 만만치 않았다. 나름대로는 거든다고 하루종일 옆에 서있기도 했지만 영하 10도가 넘는 추위는 뼛속까지 파고들었다. 하지만 베노네는 이에 아랑곳하지 않고 묵묵히 작업에만 집중하고 있었다. 이런 그의 모습을 지켜보면서 거대한 작품이 탄생하는 매 순간마다 환희와 경외감이 느껴졌다.

마침내 작품이 완성되었다. 베노네는 브랑쿠시의 대표작인 '무한의 기둥(The Endless Column)'을 기초로 하여 루마니아 전통문양을 작품 속에 묘사하였고, 작품 이름도 그 뜻을 이어 '한국의 무한의 기둥'으로 지었다.

작품이 완성되었지만 대학 캠퍼스 내에 설치하기 위해서는 학교 당국의 허가가 필요했고 또 작품을 떠받치는 돌로 된 지지대도 따로 제작해야 했다. 결국 재정적인 이유로 이 작품은 근 3년 동안 빛을 보지 못하고 캠퍼스 내 한 구석에 방치되었다.

3년 후 루마니아어과는 설립 20주년을 맞이하였다. 당시 학과장이었던 필자는 각종 행사를 거행하기 위해 모금운동을 벌였고 졸업생들에게 '무한의 기둥'에 대한 이야기를 하며 도움을 청했다.

결국 '한국의 무한의 기둥(높이 8m, 무게 약 33톤)'은 현재 한국외국어대학교 글로벌캠퍼스 내에 있는 아름다운 호숫가에서 하늘을 향해 우뚝 솟아 그 위용을 자랑하고 있으며 보는 학생들에게 앞으로 펼쳐질 무한한 꿈과 희망을 이야기해주고 있다.

한국외국어대학교 글로벌캠퍼스에 설치된 '한국의 무한의 기둥'

Berkeley Column

만자나르 (Manzanar)에서

지난 2011년 여름 요세미티 국립공원을 관통하는 타이오가 패스(Tioga Pass)를 지나 모노호(Mono Lake)를 거쳐 395번 국도를 타고 남쪽으로 내려가는 길에 우연히 만자나르 국립사적지(Manzanar National Historic Site)에 들렀다.

과거 집단 수용소 모습

만자나르 사적지

그동안 얼마나 미국을 피상적으로 알고 있었는지 직접 미국에 와서야 실감하곤 했는데 역시나 전혀 몰랐던 미국 역사의 한 부분이 그곳에 기록되어 있었다.

고등학교 졸업식

일본 어린이들

만자나르는 제2차 세계대전 중 미국에 거주하던 12만 명의 일본계 미국인(이하 일본인)들이 집단 수용된 강제수용소 10곳 중 하나이다. 그곳은 1평방마일(약 783,470평) 정도의 휑한 빈 공터에 작은 기념관이 하나 있을 뿐 동쪽으로는 데스밸리(Death valley)가 그리고 서쪽으로는 미국 본토에서 제일 높다는 휘트니(Whitney) 산이 위치해 있었다. 별 기대 없이 문을 열고 들어선 곳에 다음과 같은 글이 방문객을 맞이하였다.

"우리는 일본인들을 집단 이주시키지 않았어야 했다. 그것은 미국적이지 않고 헌법에도 위배되는 것이며 기독교인답지도 않은 것이었다(It was un-American, unconstitutional, un-Christian)."

이 글을 읽는 순간 문득 호기심이 생겼다. 무엇이 미국인들로 하여금 저런 고백을 하게 만든 것일까? 만자나르에 대한 내용을 요약해 보면 다음과 같다.

1941년 12월 7일, 일본의 진주만 공격으로 미국은 제2차 세계대전에 참전하게 되었고 이를 계기로 미국에 살고 있던 12만 일본인들의 삶도 완전히 바뀌게 되었다. 진주만 공격은 생전 공격받은 적이 없던 미국인들에

기차역 대합실의 일본인들

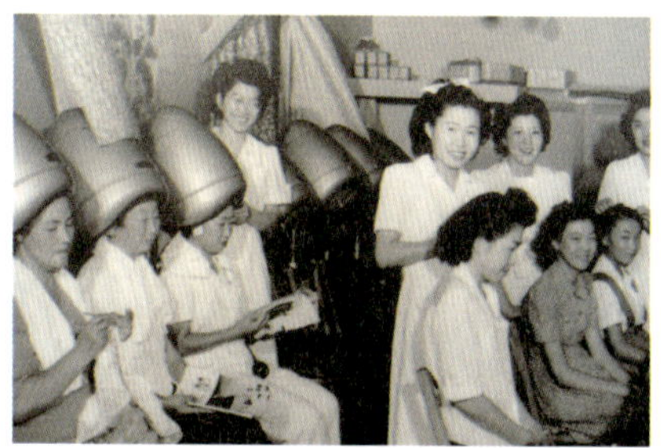
만자나르 미용실

게 커다란 충격이었다. 따라서 당시 미국 내에서는 인종차별적 편견이 극대화되었으며 향후 사회 각 분야에서 일본인들의 스파이 행위를 우려하는 목소리가 높아졌다. 결국 1942년 2월 루스벨트(Franklin Roosevelt) 대통령은 전쟁기간 동안 자국의 노력에 위협이 될 경우 일본인들을 군사지역으로 추방할 수 있다는 대통령령(大統領令)을 공표하기에 이르렀다.

이에 따라 서부해안가에 거주하던 모든 일본인들은 재산 처분 등 주변 정리를 하기도 전에, 10군데의 급조된 강제수용소로 이송되었는데 그곳은 사막이나 평원, 늪지 등 인간이 거주하기에는 척박한 곳이었다. 만자나르 역시 사막과 산맥 사이의, 모래 먼지가 끊임없이 날아오는 지역으로 겨울에는 기온이 영하로 내려갔다가 여름에는 화씨 110도(섭씨 43.3도)까지 올라가는 사막지대였다.

집단수용 초기 만자나르에는 한때 긴장감이 고조되기도 했는데 1942년 말 발생한 소요사태에서 일본인 2명이 사망하고 10명이 부상당했다. 또한 1943년에는 미국이 일본인들에게 충성심을 묻는 질문사항에 답할 것을 요구하면서 긴장감이 극에 달했다. 당시 일본인들은 대다수가 제2차 세계대전 참전여부에 대한 질문사항에 거부했지만 서약을 한

사교춤을 추고 있는 일본인들

일부 사람들은 충성심을 인정받아 강제수용소를 떠나 전쟁에 참여할 수 있는 자격이 주어졌다. 자원자건 징집자건 간에 대부분의 일본인들은 '442부대'에 배치되어 북아프리카나 프랑스 그리고 이태리 등지에 파견되어 여러 전투에서 혁혁한 공을 세우기도 했다.

만자나르에 수용된 일본인들의 ⅔는 미국에서 태어난 시민권자였고 나머지는 미국에서 십년이상 살았지만 시민권이 거부된 사람들이었다. 일본인들이 만자나르에서 거주한 기간은 대략 3년 반 정도였으며 2차 대전이 끝난 이후에는 미국 정부가 이전의 보금자리로 되돌려 보내주었고 직접 일자리까지 알선해 주었다.

척박한 데스밸리를 지나면서 당시 일본인들이 겪었던 심리적, 육체적 고통이 십분 이해되었다. 하지만 기념관 내의 사진 속에 비춰진 일본인들의 표정은 점차 그곳의 생활을 즐기는 듯 밝아 보였으며 나름대로 그곳에서 사교생활과 복지를 누리는 듯 했다.

그곳에 전시된 사진 속에는 1940년대 미국의 수준 높은 생활에 맞게 일본인들이 미용실에서 잡지를 보며 여유롭게 파머를 하는 모습과 야구 등 운동경기를 하는 모습 그리고 댄스 장에서 댄스를 즐기는 모습 등이 담겨 있었다.

1988년 미국은 과거의 잘못을 시인하면서 집단수용소에 이송된 모든 일본인에게 일인당 2만 불의 배상금을 지불하였고 당시의 상황도 그대로 보존해 두었다. 이곳 만자나르에서 비춰진 성숙된 미국인들의 모습에서 과거 한국인들에게 행한 일본인들의 모습이 대비되는 건 혹시 내가 한국인이어서 일까?

Berkeley Column

'빨리빨리'에서 '빨리'로

영국 옥스퍼드 사전에 등재된 한국어로는 '김치(Kimchi)', '온돌(Ondol)' 그리고 '빨리빨리(ppalli ppalli)' 등이 있다. 모두다 한국 고유의 특징을 가진 낱말인데 특히 '빨리빨리'는 한국인들의 급한 성격을 잘 표현하고 있다.

우리나라 사람들의 성격이 얼마나 급한지는 음식점에 가 봐도 금방 알 수 있다. 채 몇 분도 지나지 않아 주문한 음식이 나오고 또 식사시간도 10분 안에 끝내는 경우가 많은데 이는 우리나라 빨리빨리 문화의 단면을 잘 보여주고 있다. 더군다나 음식이 나오기도 전에 미리 계산서부터 가져 오는 나라는 세상 어디를 가 봐도 한국이 유일할 것이다.

빨리빨리 문화는 긍정적이면서도 부정적인 면을 동시에 가지고 있다. 이 문화로 인한 우리사회의 부작용은 성수대교, 삼풍백화점 붕괴 등 일일이 언급하지 않아도 잘 알 수 있다. 그런데 빨리빨리 문화는 21세기로 접어들면서 더 이상 고쳐야 할 단점이 아니라 국가경쟁력이라는 긍정적인 평가를 받고 있기도 하다.

2009년 문화체육관광부가 실시한 국가브랜드 관련 여론조사에서 외국인들은, 한국인의 이미지와 관련하여 '근면성'과 더불어 '빨리빨리'를 꼽았다고 한다. 한국인 특유의 뜨거운 열정과 우리도 한번 잘살아 보자는 굳은 의지가 담겨있는 빨리빨리 문화는 6.25전쟁 이후 우리나라 초고속 경제성장의 원동력이 되었을 뿐만 아니라 오늘날에는 이를 기반으로 정보기술(IT) 등 첨단산업 분야에서 세계 최고의 기술력을 가지게 되었다.

필자는 여기서 빨리빨리 문화의 장점과 단점을 언급하고 싶은 게 아니다. 다만 현재 우리나라의 상황과 경제규모에 맞게 빨리빨리 문화의 '속도조절'을 제안하고자 한다.

그동안 우리나라는 초고속 성장으로 경제규모가 많이 커졌으며 현재 선진국 진입을 눈앞에 두고 있다. 그래서 60~70년대의 한국을 20대 청년기로 비유한다면 지금은 40대 중년기로 볼 수 있다. 마치 40대 가장이 단란한 가정을 이루면서 경제적으로도 한층 여유 있는 삶을 누리고 있는 모습으로 연상할 수 있다.

20대 청년과 40대 중년이 해외여행을 한다고 가정해보면 이해가 더 쉽다. 몇 년 전까지만 해도 우리나라 20대 대학생들은 여름방학이 시작되면 유럽으로 배낭여행을 많이 떠났다. 많은 학생들은 여행경비를 절약하기 위해 호텔이나 유스호스텔 대신에 달리는 기차 안에서 잠을 청했고 또 가능한 많은 곳을 관광하기 위해 걸음을 재촉했다. 반면 40대 가장이 가족들과 함께 하는 해외여행은 어떨까! 20대 대학생들은 여행 도중 몸이 피곤하고 어디가 조금 아프더라도 대개는 여행을 계속하고 또 그렇게 할 수 있다. 하지만 40대의 경우에는 여행도 중요하지만 가족의 안전과 건강이 우선이다. 만약 여행 도중 가족 중 어느 한명이, 특히 아이가 아플 경우 모든 여행계획이 수포로 돌아갈 수 있기 때문이다.

현재 한국의 경제규모는 과거에 비해 상당히 커졌다. 그래서 우리사회의 어느 한 분야에서 탈이 생기면 이는 우리 사회 전반에 영향을 미치는 것은 물론 국가위기로 확산될 수 있다.

오늘날 한국의 빨리빨리 문화를 일컬어 '다이나믹 코리아(Dynamic Korea)'로 비유하면서 긍정적인 측면을 언급하는 사람들도 많다. 물론 틀린 말은 아니다. 하지만 빨리빨리 문화는 앞으로 10년, 20년 이후로도 계속 지속될 순 없을 거라 본다. 만약 그렇게 된다면 한국사회가 느끼는 피로는 계속 누적될 것이며 이에 따른 사회적 부작용 또한 만만치 않을 것이다.

독일, 프랑스 등 유럽의 선진국들과 미국을 여행하다보면 길거리에서 뛰어가는 사람을 좀처럼 찾아보기 어렵다. 물론 그런 모습에서 삶의 여유를 느낀다. 우리나라 생활수준은 아직까지 이들 국가들과 비교할 순 없지만, 지난 2011년 우리나라 연간 수출액이 5,000억 달러를 돌파함으로써 영국과 이탈리아를 제치고 중국, 독일, 미국, 일본, 네덜란드, 프랑스 다음으로 세계 7위로 기록되었으며 수출·입을 합한 연간 무역액도 1조 달러를 돌파했다. 이제 우리도 선진국 진입의 문턱에 서있는 셈이다.

그러므로 우리는 현재 한국사회에 만연해 있는 빨리빨리 문화를 계속 유지하기보다는 빨리를 하나 뺀 '빨리 문화'로 옮겨가야 한다고 본다. 물론 빨리 문화도 우리 사회가 지향해야하는 궁극적인 목표는 아니다. 향후 우리나라가 지금보다 훨씬 더 발전된 진정한 선진국이 되려면 'Slowly but Surely' 문화로 옮겨가야 할 것이다. 즉 속도는 다소 느리지만 확실하게 가는 문화이어야 할 것이다.

그래서 현 시점에서는, 'Slowly but Surely'를 궁극적인 목표로 하면서 이를 준비하는 과도기 차원에서 빨리를 하나 뺀 '빨리 문화'를 정착하는 것이 어떨까?

초판 인쇄 | 2012년 3월 10일
초판 발행 | 2012년 3월 20일
지은이 | 박정오
발행인 | 박 철
기 획 | 권원순 Director, University Press
편 집 | 탁경구 Executive Knowledge Contents Creator
편집진행1 | 신선호 Chief e-Contents Creator
편집진행2 | 정재원 Chief Contents Creator
마케팅 | 김태문 Chief Marketing Creator
재무관리 | 김혜영 Chief Managing Creator
발행처 | 한국외국어대학교 출판부
130-791 서울특별시 동대문구 이문로 107
전화: 02-2173-2495~7
팩스: 02-2173-3363
홈페이지: http://press.hufs.ac.kr
전자우편: press@hufs.ac.kr
출판등록 | 제6-6호(1969. 4. 30)
편집 · 디자인 | 디자인 퍼브 02)2254-4301
인쇄 · 제본 | SM C&P(02-468-6100)

ISBN 978-89-7464-716-2 03380 정가 14,000원
*잘못된 책은 교환하여 드립니다.